中外文化文学经

呐喊

导读与赏析

哀其不幸 怒其不争

咸亨號

主　编　常汝吉　李小燕

本册编者　吴静瑾　边冬燕
　杨宗蓉　李祎然

现代教育出版社
Modern Education Press

图书在版编目（CIP）数据

　　《呐喊》导读与赏析 / 吴静瑾等编 . -- 北京 ： 现代教育出版社 ， 2017.2（2017.9 重印）
　　（中外文化文学经典系列 / 常汝吉，李小燕主编 . 高中篇）
　　ISBN 978-7-5106-5042-0

　　Ⅰ . ①呐… Ⅱ . ①吴… Ⅲ . ①阅读课－高中－课外阅读
Ⅳ . ① G634.333

　　中国版本图书馆 CIP 数据核字 (2017) 第 038734 号

《呐喊》导读与赏析

主　　编	常汝吉　李小燕	
出 品 人	陈　琦	
选题策划	王春霞	
本册编者	吴静瑾　边冬燕　杨宗蓉　李祎然	
责任编辑	王春霞　荣　荣	
装帧设计	管　斌	
出版发行	现代教育出版社	
地　　址	北京市朝阳区安华里 504 号 E 座	
邮　　编	100011	
电　　话	（010）64251036（编辑部）	
	（010）64256130（发行部）	
传　　真	（010）64251256	
经　　销	全国新华书店	
印　　刷	北京佳信达欣艺术印刷有限公司	
开　　本	710mm×1000mm　　1/16	
印　　张	11	
字　　数	200 千字	
版　　次	2017 年 3 月第 1 版	
印　　次	2017 年 9 月第 2 次印刷	
书　　号	ISBN 978-7-5106-5042-0	
定　　价	21.80 元	

编 委 会

把灵魂滋养成晶莹剔透的水晶

——《中外文化文学经典系列》总序

每日里繁忙的学习工作、生活琐事，仿佛让我们心灵蒙上了一层厚厚的积垢，压得人喘不过气来。只有夜深人静之时，在桌前摊开一卷引人入胜的好书，心随书中的主人公一起，遨游在另一个世界中，才得以享受片刻的安宁。趁着这静谧的夜，我们的灵魂从容地沐浴着文学的菁华，慢慢地浸染、陶冶，终将滋养成一块晶莹剔透的水晶。

这就是经典名著的魅力——润物无声，如静水流深，温柔而有力量。

一、何谓经典

《现代汉语词典》上说，"经典"就是"传统的具有权威性的著作"。所谓传统，就是经过了历史的大浪淘沙，从千万著作中脱颖而出。经典作品往往通过作家个人独特的世界观和不可重复的创造，凸显出丰厚的文化积淀和人性内涵，提出一些人类精神生活的根本性问题。它们与特定历史时期鲜活的时代感以及当下意识交融在一起，富有原创性和持久的震撼力，从而形成重要的思想文化传统。

经典的文学作品一般具备以下四个特征：

首先，作品关注的是人类的终极问题，主题直击人性。就像《呐喊》直击民族性格的劣根性，《巴黎圣母院》用四个主人公来探讨外在美与心灵美的四种不同组合……经典的文学作品因其主题的跨时空性，而深受不同时期、不同民族的读者的喜爱，在时间的淘洗下历久弥新。

其次，经典作品的人物形象大多塑造得鲜活丰满，立体而有层次感。《三国演义》中的曹操，虽性情奸诈，但他一统天下、造福百姓的理想和抱负，又令人不得不钦佩。他既有礼贤下士的胸怀，又有借刀杀人的果决，还不乏对酒当歌的豪迈。他的性格多元化，是一个有血有肉、立体丰满的"典型"。

第三，经典作品的情节大都起伏跌宕、扣人心弦。《红楼梦》叙事宏大而巧妙，四大家族的命运、几百个人物的生活经历，以草灰蛇线、伏脉千里的形式，若隐若现，却又清晰可循。

第四，经典作品的笔触细腻，即便是环境描写，也无一处是闲笔。《雷雨》中暴风雨前压抑的气氛，为繁漪面对周朴园时的痛苦、与周萍的感情纠葛营造了绝佳的呈现背景。

二、为什么要读经典

经典文学名著虽然有诸多优秀基因，然而在资讯发达的今天，微信、微博、文化快餐比比皆是，连纸媒的生存都举步维艰，还有多少人能静下心来，读这些大部头的作品呢？甚至，有不少人质疑，今天读经典名著的意义何在？

愚以为，读经典可以让我们在这个喧嚣浮躁的时代，回归安静的思考。当今信息的碎片化，导致读者往往急于了解故事情节，缺乏深度思考，甚至简单片面地看待问题，妄下定论。而潜心品读经典文学作品，细细揣摩作品人物所承载的人性的真善美和假恶丑，会让我们看人、看问题更加全面深入，也让我们自己的灵魂丰盈、闪闪发光。

三、如何阅读经典

经典是在阐释者与被阐释文本之间互动的结果。正所谓"一千个读者心中有一千个哈姆莱特"，各个时代不同读者的解读，共同构成了经典作品独特而丰富的内涵。有些甚至形成了一种专门的学问，就如中国有"红学研究会"，英国有"莎士比亚研究会"一样。中学生阅读经典文学作品，除了自己用心揣摩原文之外，还应该多了解前代读者共性化、多元化的解读。只有这样，才能对作品有更全面的、多角度的理解。这也是我们编选这套丛书的目的——帮助初读经典的中学生们迅速入门。编者在选编文章时有意识地收录同一问题的各家之言，形成争鸣，让学生直观地感受到对于经典的一般认知和个性化解读共存。

让我们在前人的引领下，冲出迷雾，走入辉煌的文学殿堂，感受大师的风采，细品精美的文字所蕴含的丰厚内涵。

王富

捧读经典，打开启迪心智之门

中学时代，是一个人一生中重要的成长阶段。

成长需要阳光雨露、需要呵护与培育，因此，中学时代除了要完成学校课堂作业以外，课外阅读无疑是"雨露滋润"不可或缺的。课外阅读，不仅能让中学生启迪心智、开阔视野、积累知识，而且还是加强人文修养、提高综合素质的重要途径。

习近平总书记可以说是博览群书的楷模。他对读书有自己的独到见解，他说过：我年轻时读了不少文学作品，涉猎了当时能找到的各种书籍，不仅其中许多精彩章节、隽永文字至今记忆犹新，而且从中悟出了不少生活真谛。

读书固然重要，但读什么书更是关键。在浩如烟海的书籍中，中外经典名著无疑是书海中的璀璨明珠，是人类智慧的结晶。因此，读书就要读经典名著。从大量中外名人的成长经历中，我们知道阅读经典名著对他们所起到的重要作用。经典名著可以说是架起青少年与人类代代相传美好传统的心灵桥梁，通过对经典名著的感悟从而形成良好的语言与文字直觉，对提高青少年的表达理解能力更是大有裨益。

习近平总书记指出："文艺深深融入人民生活，事业和生活、顺境和逆境、梦想和期望、爱和恨、存在和死亡，人类生活的一切方面，都可以在文艺作品中找到启迪。文艺对年轻人吸引力最大，影响也最大。"

现代教育出版社根据中央关于"推广群众阅读活动"的精神，结合中学生的成长特点，经过与专家学者的反复研究及听取一线教学老师的建议，精心选编了这套《中外文化文学经典系列》丛书。

这套丛书所选取的名著，不仅仅是经过岁月的洗礼流传下来的文学精粹，也是国家教育部颁布的全国中高考语文《考试说明》中要求中学生必读和必考的书目。

打开这套书，读者会走近一个个文学巨匠、走进一篇篇文学名著，真切地感受经典。从《红楼梦》到《边城》，从《红岩》到《平凡的世界》，你会得到许许多多的人生感悟；会懂得许许多多做事和做人的道理；你会领悟到面对困境，要勇于拼搏、奋斗的精神……

跟其他文学经典选读本不同的是，这套丛书具有贴近中学生身心成长的实用性，它着眼于对中学生心灵的净化和思想品质的培养。这种文学名著的陶冶，能使世界观正在形成期的中学生，在文学的浸润中，得到正能量的潜移默化。所以说，此书的编者力求以多层面、多视角来培养学生用发散的思维理解这些经典名著。

读书的真谛是什么，只有在捧读经典中才能感悟。相信每个阅读这套丛书的读者，会在阅读中拉近跟名家的距离，从中得到许多历史文化知识，感知生活的真善美。一个人在成长的道路上，也许会对"心灵鸡汤"感到厌烦，但经典文学名著会打开另一扇启迪心灵之门，让你在寒冬里感受到春风，在黑暗中看到光明，在迷茫中发现希望。这种阅读的妙趣，也只有通过阅读才能体会到。

开卷有益。相信您会喜欢这套丛书的。

前　言

　　打开一本书，就如同打开了一个世界，也许看到了一位沧桑的老人、一艘破旧的小船、一条干枯的大鱼；也许听得到古战场厮杀的刀剑声、深宅红楼内的嘤嘤呜咽声、旧中国知识分子胸腔里吼出的呐喊声；也许嗅出《海底两万里》尼摩船长灵与肉的焦灼、宇宙外空间传回的神秘讯息、异域国度中父与子骨髓里散出的铜臭味。多读经典名著，提升领悟要义的本领，为终身发展打下良好的精神底子，势在必行！

　　读万卷书，听万家言，行万里路，助推人格魅力形成，一群有梦想的编者们聚在一起，不仅打开一卷卷书，还把一位位大家点评、阅读融会起来，帮助读者走进书中的故事，揣摩语言的魅力，感受作品的深意，逐步形成个体的言语经验，在具体的语言情境中正确有效地理解、运用祖国文字进行交流与沟通。广泛地阅读，应该能获得对语言和文学形象的直觉体验，多维度地听取不同人的阅读心得，能够更加丰富文学形象的立体感，能够在辨识、比较、分析与归纳中，锻炼逻辑思维和批判性思维能力，从而使得"行万里"更加具有深刻性、灵活性、敏捷性、批判性与独创性。

　　功利一点说，2017 年发布的全国高考语文《考试说明》增加了基础运用和阅读类样题，明确提出要对经典名著阅读进行考查，北京卷语文学科《考试说明》中也增加了对阅读经典的要求，"附录"在保持原有"古诗文背诵篇目"不变的同时，增加"经典阅读篇目例举"；在现代文阅读和古诗文阅读中，提出"对中外文学经典""对中国古代文化和文学经典"的"理解、感悟和评价"。对经典阅读的考查内容进一步细化，主要包括：对作品基本内容、主旨或观点的整体把握；

结合作品，对人物形象、思想内涵和艺术特色或表现手法的理解、分析；基于知识积累和生活经验，对作品价值、时代意义的感悟和评价；对古代文化经典的积累、理解和运用。这些都凸显了培养中小学生阅读能力和阅读素养在当下语文教学中的重要性。

为了提高中学生阅读经典的能力和文化素养，我们组织了北京的部分语文高级教师，从已经发表在核心期刊上的与此次所选篇目相对应的文献进行了认真、细致的挑选，秉着名师名家、名校名作；主题明确、观点鲜明；紧扣考点，通俗易懂；分析透彻、视角独特的原则，选编了这套《中外文化文学经典系列》丛书。

从高考语文未来考查形式而言，这些经典书籍的题目呈现方式多样、灵活，既可以表现在阅读类题目中，也可能是写作题目中。对于授课老师而言，就要引导考生由"浅阅读"向"深阅读"的阅读习惯转变。所以我们在《中外文化文学经典系列》丛书的选编过程中，以全新的形式，独特的视角，用现代人的眼光和科学方法解读这些经典著作，本着客观、公允、多方位的精神，使学生受益，从而拉近经典著作和学生的距离，使他们能从多角度了解这些经典著作，引导和培育学生发散性和多层面的理解经典著作，使学生提高文学素养和阅读兴趣，让他们了解中外文化文学经典著作的深刻精髓，终身受益。

本书编写组

2017 年元月

◎ **经典回放·作品简介**

◎ **第一章　知人论世·作家印象**

◎ **第二章　他山之石·文章赏析**

❀ 第三章　奇文共赏·比较阅读

经典回放·作品简介

呐喊

内容简介： 小说集。鲁迅（1881—1936）著。鲁迅，原名周树人，浙江绍兴人。《呐喊》1923年8月由北京新潮社初版，列为该社《文艺丛书》之一。收作者1918年至1922年所作小说15篇。1924年第二次印刷。1926年10月第三次印刷时起，改由北京北新书局出版，列为作者所编的《乌合丛书》之一。1930年第十三次印刷时，由作者抽去其中的《不周山》一篇（后改名为《补天》，收入《故事新编》）。1938年被收入《鲁迅全集》，由复社以"鲁迅全集出版社"名义出版。1958年被收入人民文学出版社出版的《鲁迅全集》中，1980年再版。新中国成立后在国内出版发行的《呐喊》单行本共11种。

《呐喊》系鲁迅第一部小说集，1918年5月，他在《新青年》上发表了第一篇白话短篇小说《狂人日记》，接着"便一发而不可收"（鲁迅《呐喊·自序》），写了《孔乙己》《药》等小说。鲁迅称这些作品是："'遵命文学'。不过我所遵奉的，是那时革命的前驱者的命令。"鼓舞"在寂寞里奔驰的猛士，使他不惮于前驱"。自然也有"将旧社会的病根暴露出来，催人留心，设法加以疗治的希望"。为与前驱者取同一步调，于是"删削些黑暗，装点些欢容，使作品比较的显出若干亮色"（鲁迅《呐喊·自序》）。《呐喊》深刻地描写了辛亥革命前后到第一次国内革命战争时期的历史现实，对新文学运动影响尤为深刻。集中《狂人日记》是现代文学史上第一篇猛烈抨击"吃人"的封建礼教的小说，是中国现代思想史和文学史上的一篇重要文献。鲁迅承认写《狂人日记》时对果戈理的同名小说曾有借鉴。《药》《风波》《阿Q正传》等则深刻地总结了辛亥革命失败的教训，提出唤醒和改造国民性的重要性。以《阿Q正传》最为著名，是一篇具有世界意义的小说，在阿Q身上概括着历史和现实的"愚弱的国民性"。此书发表时"有许多人都栗栗危惧，恐怕以后要骂到他的头上"（涵芦）。《阿Q正传》最初分章发表于北京《晨报副刊》，署名巴人。1926年鲁迅写过《阿Q正传的成因》一文，收入《华盖集续编》中。《呐喊》形式新颖，"十多篇小说，几乎一篇有一篇新形式"（茅盾），在形式上对中国新文学影响深远。《呐喊》被译为日文、英文、俄文、法文、德文，成为有世界影响的作品。

‖作品来源‖

鲁迅：《呐喊》，人民文学出版社，2015年第二版。

第一章

知人论世·作家印象

鲁迅在S会馆

周作人

导　读

　　S会馆的名称始见于《呐喊》自序中。这本名山会邑馆，是山阴会稽两县人的会馆，清末山会合并称为绍兴县，也就改名绍兴县馆。本文从周作人与鲁迅在S会馆的相处中，从他人的角度，记录了鲁迅在"S会馆"8年的孤寂生活。这一时期，鲁迅每晚都做着辑校古籍、抄古碑的工作，但是正是这一时期的潜思默想，使他取得了与五四文学内在的精神联系，改造国民性的问题被他重新重视起来。

　　S会馆的名称始见于《呐喊》自序中。这本名山会邑馆，是山阴会稽两县人的会馆，在李越缦日记中常有提及，清末山会合并称为绍兴县，也就改名绍兴县馆。出宣武门一直往南，到了前清杀人的地方菜市口，挹西路南即是北半截胡同，在广和居门前分路，东南岔去是裤腿胡同，西南是南半截胡同，其实这也是一只裤腿，不知何以独承了半截的正统。离胡同北口不远即是会馆，坐西朝东，进了头门二门之后照例是一个大院子，正屋是历代乡贤的祠堂，从右侧弄堂往西去，后边一进平房，是鲁迅寄住过的地方。小小的一个院落，南首有圆洞门通到东边，门内一棵大槐树，北首两间下房，正面一排四间，名为"补树书屋"，只因极北一间被下房挡住了阳光，所以关闭不用，鲁迅所用的就是那外边三间罢了。他大概从民二起直至民八，这里所说只是末三年的情形，其时他睡在靠北的一间里，南头作为我的卧室及客室，中间房内放着一张书桌和藤椅，此外几个书架和方桌都堆着已裱未裱的石刻拓本，各种印本的金石书史书等。下午四五点下班，回寓吃饭谈天；如无来客，在八九点时便回到房里做他的工作，那时辑书已终结，从民四起一直弄碑刻，从拓本上抄写本文与《金石萃编》等相校，看出许多错误来，这样校录至于半夜，有时或至一二点钟才睡。次晨九十点起来，盥洗后不吃早餐便到部里去，虽然有人说他八点必到班，事实上北京的衙门没有八点就办公的，而且鲁迅的价值也并不在黾勉从公这一点上，这样的说倒有点像给脸上抹点香粉，至少总是失却本色了吧。

‖作品来源‖

发表于《名作欣赏》2010 年第 07 期。

第二章

他山之石·文章赏析

别样的女性言说——论《呐喊》中的母亲形象

杨 雪

导 读

鲁迅的小说《呐喊》中的母亲形象，在旧时代环境下有着独特的可读性和丰富的阐释性。她们有的散发着发自生命原态的母爱、有的受制于权力的压制，同时在"母亲"形象的背后隐喻着深层的意义，这些在她们身上折射出独特的生命情状，这群形形色色的母亲让我们格外关注和黯然叹息，对于这些母亲群像的研究，使我们对鲁迅小说的研究关注点转向鲁迅小说中的女性形象，进而侧重于其小说中母亲形象的探究，这对于《呐喊》的多维阐释具有不容忽视的意义。

一、发自生命原态的母爱

在鲁迅的《呐喊》小说集中，塑造了一群独特而又充满慈爱的母亲形象。其中一些女性身上闪耀着圣洁的母爱之光，让我们看到了旧时代下母爱依旧光彩夺目和令人悲恸。母爱是人类永恒之爱，它是维系血亲制度的要素之一，亦是人的本性使然。它使得人类在世世代代繁衍生息的过程中，有了情感的纽带和血缘维系的依托，母与子之间存在着发自原始生命情态的母爱，母爱在无私和伟大中默默地对子女给予无微不至的付出。当母亲对自己的爱子再也无法关怀照料时，那种失去至亲、阴阳两隔的痛苦是一个母亲难以承受的巨大苦难。

《药》中的华大妈，虽然作者对她没有浓墨重彩地进行大篇幅的描写，只是侧面的点写，但是寥寥数笔，一位充满母爱的形象便立于眼前，当自己唯一的儿子患上肺痨而久治不愈时，作为母亲的她心如刀绞、夜不能寐，当华老栓半夜欲出门给小栓找药引时，华大妈此刻并没有熟睡，而是心中充满焦虑地问老栓出门的事宜。作为孩子的母亲她没有心思睡觉，在枕下掏了半天，掏出一包洋钱，能看出这些钱是小栓的救命钱，藏得愈深，意义愈是重大。在整个吃药的过程中，华大妈悉心地照料着小栓，先是慌忙地让小栓坐着，喝药时华大妈那种期待小栓恢复健康的急切眼神，喝完药又待小栓喘气平静后轻轻地给他盖上被子，这一系列的细微动作，流露出了华大妈浓浓的母爱和无时无刻不惦念小栓病情的隐忧。处于社会底层的一个母亲，愚昧中带着神圣的不容僭越的母爱，这是谁也无法亵渎的，所有的一切都发自生命原态的母爱，最终倾注到对小栓无限的慈爱中。

小说中的另一位母亲形象夏母，在小说《药》的第四节中，作者重点描写了华大妈在清明节给小栓上坟的场景，此时的华大妈和夏母都已失去自己的爱子，来给儿子上坟。从一个母亲的立场出发，她的痛苦莫过于中年丧子。华母和夏母半白的头发后面隐藏的是无法言说的剧痛，华母哭完坟后的呆呆失落，夏母上坟时的面露羞愧；华母对于自己儿子的死因前前后后都是清楚明白的，而夏母似乎还有些模糊不清，脚步有些踟蹰，在哭坟过后看到坟上红白相间的花圈甚是不解，她只知道自己的瑜儿是被冤枉的："瑜儿，他们都冤枉了你。""我知道了。瑜儿，可怜他们坑了你，他们将来总有报应，天都知道；你闭了眼睛就是了。"[①]可见事实上，夏母并不知道花环就是和儿子夏瑜一起的革命战士送的，她直至离开儿子的坟时依旧自言自语地说："这是怎么一回事呢？……"[②]夏母虽然接受了儿子死去的事实，但是对于儿子的死因，一个衣衫褴褛的穷母亲是无法明白的，她只能用最朴实的词"冤枉"来总结瑜儿的死，她只有满怀虔诚地祈求瑜儿显灵，让乌鸦飞上坟顶，这些略显迷信色彩的行为却不能抹杀夏母默默的母爱，人舐犊情深的本性是无法被剥夺和取代的，瑜儿过早地死去，让她这个愚痴的母亲不能完整地给予儿子母爱，她的心中满是遗恨和愧疚，儿子的冤死更是让夏母充满悔恨和伤痛。《药》中的华母和夏母对于儿子的爱，是那么的朴实无华而又深刻沉重。

①②　鲁迅:《呐喊》，人民文学出版社，1973 年版。

《明天》中的单四嫂子对宝儿的母爱也是令人动容的，宝儿——一个三岁的孩子患上了重病，生命垂危，而母亲单四嫂子爱子心切，在经过求神签、许愿心、吃单方等诸多努力下，宝儿依旧不见好转，此时的单四嫂子作为母亲对儿子病愈的侥幸和希冀心理，让单四嫂子进行着自我安慰和遣忧，她觉得宝儿的病也许明天就会好。但她却不知道这只是一种暂时的精神寄托，是她不敢面对失去宝儿的残酷现实，她不明白这"但"字的可怕：许多坏事和好事正是因为有了它而相互转化，单四嫂子从黑夜等到曙光的漫长以及宝儿很长的呼吸声，表现出她等待的焦虑和对宝儿的爱之切，心急如焚的单四嫂子装着平时省下的钱，抱着宝儿去何小仙那里寻求希望，一份带着愚昧且质朴的母爱，她对宝儿的爱最终诉诸对迷信的笃信，可怜的母亲却不知道这些都是徒劳，而宝儿拔单四嫂子头发的举动也恰恰暗示了这一点，让她怕的发愣，一路上宝儿的挣扎、回去路上的倍感漫长煎熬着单四嫂子，最终，宝儿还是永远地离开了，等待单四嫂子的将是更加漫长的痛苦。

无论是华大妈、夏母还是单四嫂子，还是《故乡》《社戏》中母亲对孩子的慈爱，她们用笨拙的、淳朴的爱将自己发自生命原态的母爱，以不同的方式倾注到自己的爱子身上，阐释着那亘古不变的伟大母爱。

二、受制于"权力"的母亲

在《呐喊》中，母亲除了作为具有伟大母爱的角色，同时她们还是受制于"权力"的母亲角色。《呐喊》中的母亲们都生活在一种权力关系中："夫权""经济权""话语权"对单四嫂子、七斤嫂、九斤老太有着诸多制约。

"夫权"枷锁对母亲的沉重包袱，失败或是虚假的婚姻裹束着母亲们，腐朽的婚姻制度把这群母亲死死地钉在"夫权"的砧板上，任人宰割和自我麻木。《明天》中的单四嫂子在儿子宝儿一岁时便守了寡，独自靠纺棉纱养活自己和儿子，当时在旧时代寡妇再嫁是人们思想上不能接受的，这也是单四嫂子受制于这段婚姻背后的"夫权"所操控的,不再嫁也是世俗层面上认为对丈夫忠贞的一种表现方式,而单四嫂子在这段不幸婚姻下得到的却是物质和精神上的双重折磨和痛苦。在物质层面上,身为寡妇的单四嫂子家中没有男性劳动力,只有独自靠纺纱维持自己和儿子的生活,在经济上没有更多的收入,宝儿病危时单四嫂子拿的是自己平时节省下的钱,几乎倾囊取出,甚至连离去的宝儿的一口棺木都要半现半赊,可见她经济上的拮据,这是这段不幸婚姻和"夫权"制的社会舆论带给单四嫂子这位母亲不得不承受的物质折磨。

在精神层面上,单四嫂子身为一个独自拉扯孩子的寡妇,她没有也不能再嫁,"寡妇门前是非多"的厄运并没有放过单四嫂子,在给宝儿看病回来的路上,她心力交瘁,内心渴望有一个依靠来和自己一起承担这份痛苦,甚至希望降下一员天将,可是她偏偏遇见了最不愿意遇见的蓝皮阿五,阿五在抢着帮她抱孩子时对单四嫂子趁机揩油,"从单四嫂子的乳房和孩子中间,直伸下去,抱去了孩子。单四嫂子便觉乳房上发了一条热雯时间直热到脸上和耳根"。[①]一路上单四嫂子与蓝皮阿五保持距离、几乎不与他搭话、一心希望结束同阿五的一切,这些都说明单四嫂子内心对阿五很厌恶,但又无力反抗,唯有默默地忍受甚至是遭受屈辱。在给宝儿抬棺木的日子,蓝皮阿五也没有出现,在夜里阿五和红鼻子老拱醉酒后带有戏谑性的歌声,这一切只是给可怜的寡妇更多的屈辱和冷漠。在"夫权"制的枷锁和折磨下的寡居母亲仿佛在寂静里徒劳奔波,周围却是没有回应般的死寂。

《风波》中的七斤嫂是六斤的母亲,生性刁蛮泼辣,对婆婆还嘴怒喷、对六斤撒气大喝,而对丈夫则充满了"夫权"制度下的卑琐和从众,她是一个受制于"夫权"下的母亲形象。《风波》中打破"田家乐"村庄生活的是七斤的"落难":在"皇帝又要坐龙庭"时没了辫子。人们围绕七斤的辫子问题发生了一阵生活波动和心理波动。七斤嫂在"夫权"的枷锁下的心理状态值得关注,她不像守寡的母亲单四嫂子那样逆来顺受、对宝儿

---

① 鲁迅:《呐喊》,人民文学出版社,1973年版。

关心备至，在七斤嫂的身上其母爱性弱化、受"夫权"奴役性加深，七斤嫂是七斤的株连者，在封建的婚姻关系下，她要围着丈夫，和丈夫同甘共苦、荣辱与共，这个母亲要在这种封建的"夫权"枷锁下谋求出路，她没有精力花在关心六斤身上。因为和丈夫命运的一体性，六斤的母亲七斤嫂想摆脱厄运，她不能离婚求得逃脱，只能在婚姻的束缚下企盼丈夫转运，在七斤遭难时，她忙于询问皇帝"坐龙庭"后的"皇恩大赦"，她希望从这种大赦当中逃离被株连的厄运时，她依旧失败了，当这种幻想破灭后，她转而对七斤破口咒骂，对女儿也撒气打骂，暴露了七斤嫂的自私、懦弱。

她对"辫子"问题的关心，从另一方面可以看出七斤嫂是很从夫的，她还是希望丈夫能安然无事。首先维护丈夫的面子就是增添了自己的光彩；其次，一家老小都要靠七斤养活。女人在家中处于被丈夫养活的地位，这也潜藏了"夫权"制度对六斤母亲的权力枷锁，七斤嫂在这个大家庭中是权力的受压者，这个母亲不能逃离婚姻的羁绊，也没有自主的经济地位，只是一个从属和被压抑的地位，那么她为自己求出路的诉求也是合理和值得同情的。但事实证明，她是无法突破这种"夫权"的囚笼的，至少，作为一个母亲，六斤也是她的依托和希望，那么她也只能在这种无望的希望中求得喘息。

同样，作为七斤母亲的九斤老太，她也是受封建传统思想奴役的，她是一个排斥一切新事物的守旧老太，眼里容不得半点变化。她总是在抱怨和挑剔中生活，看不惯村里人的败家相，时常念叨着："这真是一代不如一代。"在她的眼中时世的不对体现在各个层面：外孙女饭前吃炒豆、天气变热、豆子更硬、生出的孩子体重越来越轻、剪辫子、补碗的铜钉、儿子儿媳及外孙女的行为……这些都让九斤老太难以理解。九斤老太是一个看不惯时世的守旧母亲，她自认为是一个操纵话语权力的权威者，但却不知道自己受"权力"的残害之深，她的愚昧、守旧、对新事物的愤恨，种种都是封建传统腐蚀她的罪证，可悲的是她依旧要捍卫这罪恶的传统，这是九斤老太受制于"权力"的不幸。

三、"母亲"背后的隐喻

《呐喊》中的"母亲"形象不仅是具有母亲身份的人，而且在"母亲"背后有着深刻的隐喻。第一层体现在害与被害的关系上。《药》中的华母为了给儿子小栓治病，她愚昧地相信人血馒头能治肺痨，到头来人血馒头上沾的却是革命者夏瑜的血，想要以人血来治病足可为一个大笑话，更别说用革命者的血了，可以说，她间接地迫害了不能安息的革命者夏瑜，此时的华母是一个愚昧的"害"人者的角色，惨绝人寰的是革命者夏瑜是为救像华母这样以及千千万万的民众而牺牲的，而这些被救者却食革命者的血。夏母是一个苦难的"受害者"，儿子的死换来的只是周围人的嘲笑和冷漠，当刽子手描绘革命党夏瑜在狱中劝牢头造反时，茶客们的反应只是那夏家的儿子准是"发了疯了"，而儿子吃了夏瑜血的华母根本不理会这馒头上是谁的血，其为母亲的痛苦她根本没有想过，因为在她眼里夏家的儿子只是一个符号而已，与己无关。同时，儿子小栓的病逝，也是整个封建社会、思想毒害的结果，愚昧无知的母亲在社会群体中，得到的只是一群麻木的民众的虚假的同情和几滴眼泪。这些麻木的民众对华母、夏母亦扮演着"害人"者的角色，这些群体心态的反应不再是疑惑和拒绝，而是极尽所能地发挥着自己的想象力，对受难的母亲们表现出极大的兴趣，牵出一阵热闹的喧哗与骚动，在她人的痛苦中找到幸福感和满足感。此外，《风波》中六斤的母亲七斤嫂、《明天》中的单四嫂子都是被害者的角色。

在《呐喊》中的母亲"群体"身上，我们几乎看不到生存的应有状态和生命感。受制于"权力""害与被害"关系的母亲形象令人倍感同情，人作为社会各种权力、关系中被编制的观念符号，除了生存本能，其生命本身是否存在属于人的东西？我们确实能从小说中找到一丝希望，这也是"母亲"背后隐喻的第二层含义。《药》中的华母、夏母，构成了"华夏之母"，也就是整个华夏民族的母亲，母亲充满了生命感。在小说结尾处，华母和夏母在上坟时相遇，此时的小栓没有得救，夏瑜也英勇牺牲，留下的仅是可供怀念的墓地，华母和夏母来探望儿子，哭坟都是作为母亲对儿子生命价值的肯定和怀念，母亲看着这片坟地也就等同于看到了自己的儿子，体现了母亲对生命的尊重和价值的认同。虽然夏母不知道儿子最终的死因，只知道是被冤死的，但是作为母子的情感和痛感丝毫不会减少，夏瑜这个革命者是被仅有的几个人所惦念、怀念的，在母亲的心中，这个儿子永远活着，她依旧虔诚地希望儿子显灵，乌鸦飞过坟头就是夏母坚持认为儿子生命依然存在延续的依据。有了生命就有了希望，华夏母亲是孕育生命的母体，亦是孕育希望的载体。正如夏瑜坟前的那圈花环，不知道是何人所留，构成了"虚幻"的希望，作者也觉得无根据性，是为了缓解窒息的氛围而"凭空添上"的，但我们却不能否定希望的存在。华夏母亲生命的延续带来希望的光如同坟头上的花环一样，给华夏民族带来了生的希望和黎明的曙光，这也是"母亲"背后的深刻隐喻。"母亲"背后的第三层隐喻，就是对"母爱"的解构。《风波》中的七斤嫂是一个典型的例子，从她的身上看不到更多的慈爱和对生命的呵护，她对女儿六斤的怒斥，间接地造成了对其自尊心的伤害、对这个鲜活生命的打压，六斤对奶奶九斤背地里的偷骂、见势便溜的行为间接表现了母亲七斤嫂的教子无方，在七斤嫂对九斤老太一番还嘴和辩论中，体现了七斤嫂对母亲的不尊重，自然女儿六斤的心中亦没有"孝悌"，母亲七斤嫂在传统母亲形象中的母性慈爱几乎荡然无存，在她身上，母爱被解构，母亲的形象在瞬间轰然倒塌。

《呐喊》中的母亲形象是旧时代中的母亲，她们有着发自生命原态的母爱、受制于"权力"的悲哀、蕴含着丰富的隐喻，对这些形象的深入阐释让我们对《呐喊》有了更丰富的体悟。

作品来源

发表于《名作欣赏》2013 年第 02 期。

不可误读鲁迅的《一件小事》

刘学军

导 读

　　收于《呐喊》文集中的小说《一件小事》在"呐喊"什么？表达了鲁迅怎样的思想情感？长期以来，人们普遍认为这篇小说歌颂了劳动者的伟大，其核心思想是劳工神圣，提倡知识分子必须向劳动者学习。然而，这是一种误读，将作品简单地归结为鲁迅的自我精神剖析，偏离了鲁迅小说国民批判的范畴，从而产生了道德率相作伪的后果。

一

　　对于鲁迅的小说《一件小事》的争议和讨论，从作品产生那天开始，就没有停息过。期间的各种理解和释义林林总总，然而归纳起来看，大都归结到小说主人公"我"，作为一位知识分子形象的灵魂剖析，是鲁迅对知识分子的心态刻画和自我救赎性的批判，甚至有人认为小说"简单做作"。

　　有人这样评价："在现在看来是一篇很幼稚的记叙文，但在当时却给我以莫大的对文章的认识，因为这篇文章虽然难免有造作的痕迹，但情感是朴素的、真实的，从人性的角度给予了下层劳动人民以同情和尊敬，在普天一色的批判文章的气氛中，这种风格的作品确实是凤毛麟角。"

　　我们没有理由怀疑以幼稚发幼稚，用幼稚的批判能力去评价鲁迅的作品，其结论如此幼稚也当属于情理之中。至于他发出的对行文风格的肯定，也算是不幸中的万幸了。

有人这样评价：传统的观点有人认为"希望"是指"我"从劳动人民身上看到的中国的希望。有人认为这是知识分子可贵的反省、慎独的精神等。对此霍晓佩有自己的见解：在《一件小事》中，车夫的"高大"只是"我"的瞬间"感觉"，这种"感觉"源于"我"对他认识上的巨大落差……"我"也由此认识到了自己思想的武断。所以"我"产生的希望并非来源于车夫的形象，而是指在"小事"的不断提醒下，"我"不停地"惭愧"和不断地"自新"。"我"身上凝聚了鲁迅对当时不满社会现实的知识分子的深刻思考，"我"是这类知识分子中开始努力改造自我的典型。

当然，人物"我"身上更多地投射了鲁迅自己的感受，能看到鲁迅的影子。鲁迅确实曾如"我"一样看不起人，尤其是普通民众，这可以追溯到鲁迅少年时期的人生遭际。对于鲁迅而言，真正让鲁迅走出"蛰居"状态，开始与《新青年》合作的动力来自于他内心对"希望"的渴念。可以说，在小说里，"小事"也只是个偶然的契机，真正让"我"走上自新之路的还是"我"内心反思自我的动力。这一点，文本中"我"的"顿悟"就是证明。

《一件小事》曲折隐晦地流露了他在"呐喊"前的"蛰居"时期的心迹，它完全可以视为鲁迅从"蛰居"到"复出"期间的精神自传。所以《一件小事》可谓是非常"鲁迅"的小说，从中可以感受到鲁迅"反抗绝望"的姿态，完全可以视为鲁迅精神自传的一部分。因此，它也是作者自我解剖与寄希望于人民中找到了"反抗绝望"之路的最初思想闪光。

通过以上几点分析，从社会状态来看，《一件小事》可以说是鲁迅的"应时"之作、"偶然"之作，从全篇来看，文本中车夫的形象并不"高大"，"我"产生的希望并非来自于车夫的形象，而是指在"小事"的不断提醒下，"我"不停地"惭愧"和不断地"自新"——这是一个挣扎着要建构"新我"的交织着痛苦、勇气和希望的灵魂。同时我们可以感受到鲁迅"反抗绝望"的姿态，这使他从绝望中走出。这走出的第一步是"反抗绝望"的思想闪光。

综上所述，《一件小事》文中所提到的"希望"并非是指"我"在劳动人民身上看到的中国的希望。这"希望"实际上是指这件小事所增长的"我"对自我更新的希望，以及作者自我解剖与寄希望于人民中找到了"反抗绝望"之路。

有人这样评价：作者通过这一件小事，着重写的是车夫的诚实、质朴、善良的爱心和承担责任的精神与"我"的私心、推诿责任的心理冲突。"我"由车夫的高尚磊落的行为，引起灵魂深处的斗争，"我这时突然感到一种异样的感觉，觉得他满身灰尘的后影，顿时高大了，而且愈走愈大，须仰视才见。而且他对于我，渐渐的又几乎变成一种威压，甚而至于要榨出皮袍下面藏着的'小'来"。于是人道主义的同情战胜个人主义的冷漠，"我"掏出一大把铜圆给车夫，但这更暴露了"我"思想的低微，终于"我"在内心里又谴责了这浅薄的人道主义同情，思想感情发生了真正的升华："教我惭愧，催我自新，并且增长我的勇气和希望。"一个短小的故事，写了特征鲜明的人物，车夫、"我"和有一些小市民气的老妇人。显然，鲁迅的《一件小事》重点在写人，重点揭示的是在车夫的高大形象面前，"我"的灵魂撞击，自惭自省，产生心理境界的升华。

也有人这样评价：鲁迅创作《一件小事》的时间，正值五四运动发生后的几个月，当时"劳工神圣"的口号同妇女解放、个性解放、科学与民主等口号一样，成为"五四"时代的最强音。劳动者受到先进的知识分子的同情和崇敬。在当时中国作为劳动者的重要组成部分、人数众多的城市苦力人力车夫，成为文学创作颇受关注的题材。但雷同的题材，写法和处理却不同，反映了作者思想感情的差别、视角和思想深度的迥异。

更庆幸的是，终于有一些"有识之士"，把《一件小事》放置到时代中去，放置到社会背景中去，去寻找其行文动机、寻找行文的逻辑起点。这应该是符合什么逻辑的。比如，鲁迅的《一件小事》体现了"劳工神圣"思想。

什么是"劳工"？蔡元培指出："我说的劳工，不但是金工、木工等等，凡是用自己的劳力做成有益他人的事业，不管他是用体力，是脑力，都是劳工。所以农是种植的工、商是转运的工，学校职员、著述家、发明家，是教育的工，我们都是劳工。""劳工"既包括体力劳动者，又包括脑力劳动者，是十分有见地的。蔡元培疾呼："此后的世界，全是劳工的世界呵！""我们要自己认识劳工的价值。劳工神圣！"

很显然，蔡元培先生的"劳工神圣"，把劳动者看成了社会主人，显示了全新的道德价值观。提倡"劳工神圣"，是对剥削阶级好逸恶劳、贪图私欲、损人利己旧道德的最有力的批判。"劳工神圣"的观念，作为道德操守，是当时社会新生活运动的重要内容，自然很容易让追求新生活、新观念、新思想的知识分子理解、接受。他认为，在新生活的世界里，应是人人"养成劳动习惯"，消除一切"不劳而获之机会"，并且"使劳心者亦出其力以分工农之劳；于是劳力者得减少其工作之时间，而亦有劳心之机会。关于生产之农工业，人人皆须致力；关于科学美术之文化，亦人人皆是领略"。当时的知识分子代表，比如胡适，比如郁达夫，甚至李大钊、毛泽东这些共产主义代表人物也都响应并参与其中。鲁迅当然也应该在其列，由此，人们从这样的思想基础出发审视批判《一件小事》，评判鲁迅的创作动机和思想，应该是理得其所，应该是再合适不过的了。

然而，我们仔细阅读《一件小事》，审慎分析作者的行文匠心，应该另有收获，应该在公民道德，追求自由、博爱、平等，劳动神圣之外，还有更深刻的思想和创作动机。

二

《一件小事》篇幅很短，体量似乎和鲁迅身份不符，是鲁迅很小的一篇作品。我"须仰视才见""愈走愈高大"的人力车夫，这样的第一人称描写，成了长期以来人们解读知识分子与无产阶级关系的人口和角度，并且甚为流行。但是，从文学规律看，作为小说，《一件小事》尽管篇幅很短，甚至有很强的偶成痕迹，它仍然具备小说创作的共性，具备鲁迅小说创作的共性。唐代诗人刘禹锡说，境生象外，以鲁迅的思想境界和审视能力，它会在这个短篇中给我们阐释什么？在大师的笔法中，有什么东西向我们呈示和展现呢？

小说在主体故事开始之前，也就是在开篇部分做了这样的铺垫——"我从乡下跑进城里，一转眼已经六年了。其间耳闻目睹的所谓国家大事，算起来也很不少；但在我心里，都不留什么痕迹，倘要我寻出这些事的影响来说，便只是增长了我的坏脾气——老实说，便是教我一天比一天的看不起人"。一如朱自清写荷塘月色一样，在文章的主题部分之外，加了一点心里很烦的闲笔。鲁迅的这句闲笔，长期以来一直没有受到重视。这不是作者的失败，而是我们审读过程中的缺失。几乎没人审视"我从乡下跑进城里"的重要性。

鲁迅的作品很多都写到了城乡关系，从未庄到城里，从故乡的乡村到城里，无论《阿Q正传》还是《风波》《故乡》，都写到了乡村。这就不是简单地为情节而设置的，期间有深刻的社会内涵。这是鲁迅将他的思考放置在大的社会背景和环境中再创作的，这是鲁迅一直在关注着社会结构变迁带来人的身份转换，其用意是要折射社会变革时代的一般心态，是要探寻社会转型时期的一般规律，以智者的智慧做哲学性的一般意义的思考，解读社会文化密码。

作者在这里特别强调"看不起人"，通过看不起人的伏笔，和后边的"越走越高大"的车夫形成映照，从而建立起"我"和车夫的关系，很有"心机"地将"我"和小说的主人公扭结在一起，从而建立起更为深层次的联系，而没有流于简单的见闻和写实上。试想，如果只是为了表现车夫的心灵美，又何必把笔墨花在"我"的心路上呢？鲁迅用最俭省的文字完成了对"我"的形象塑造，而且"我"一直居于叙事的表层，让大多数人都忽略了"我"从一出场开始，就不单纯只是一个叙述者，而是处于创作主体的审视之下。接下来，叙事进入一起几乎可以忽略不计的"交通事故"，为"我"提供了一个表现自我的场景：

> 我料定这老女人并没有伤，又没有别人看见，便很怪他多事，要是自己惹出是非，也误了我的路。

我便对他说，"没有什么的。走你的罢！"

车夫毫不理会——或者并没有听到——却放下车子，扶那老女人慢慢起来，挽着臂膊立定，问伊说：

"您怎么啦？"

"我摔坏了。"

我想，我眼见你慢慢倒地，怎么会摔坏呢，装腔作势罢了，这真可憎恶。车夫多事，也正是自讨苦吃，现在你自己想法去。

我们注意到，"我"始终是一个居高临下的"看客"姿态，而"看客"正是鲁迅所极力排斥的。在鲁迅其他小说《孔乙己》《药》《示众》《祝福》中，都有关于看客这一群体对他者的苦痛极端麻木与冷漠的展示，这与鲁迅早年得出的结论"中国人缺乏诚与爱"有关。在他的小说中，鲁迅特别着力于刻画当下的中国是一个"无爱的世界"。所以《一件小事》中的"我"的功能，并不仅仅限于完成叙述。他自己不仅参与了事件的构成，同时也是鲁迅批判锋芒之所向。后文"风全住了，路上还很静。我一路走着，几乎怕敢想到我自己。以前的事姑且搁起，这一大把铜圆又是什么意思，奖他么？我还能裁判车夫么？我不能回答自己"，这一段话给了研究者们很大的误导，因为它表面上十分接近鲁迅所说的"时时刻刻无情地解剖我自己"，于是长久以来，多数人都认为"我"代表了鲁迅的自我反省，甚至把"我"的形象上升到整个知识分子群体的高度，来反衬劳工群体的"越走越高大"，得出鲁迅是在弘扬"劳工神圣"的主题。其实整篇小说从头到尾，何曾表明"我"是一个知识分子？而且以"劳工神圣"立论的研究者，忽视了一个至关重要的细节：

车夫听了这老女人的话，却毫不踌躇，挽着伊的臂膊，便一步一步地向前走。我有些诧异，忙看前面，是一所巡警分驻所，大风之后，外面也不见人。这车夫扶着那老女人，便正是向那大门走去。

鲁迅在这里，不自觉地露出了他一以贯之的"国民性批判"性：车夫挽扶老女人去的地方，不是医院，而是警察局。我们可以设想一下，倘若鲁迅发自内心地要表现劳工群体的善良、高境界，为什么不在这个地方安排一座医院？甚至设计更为激烈的情节冲突：车夫把"我"赶下车，自己把老女人拉到医院去？如果车夫走向的是医院，那么赞美劳工的创作目的就圆满地达到了，可惜并非如此。这跟鲁迅对社会下层民众的观察有关。鲁迅所创作的民众形象，一个重要的共同特征就是灵魂受到了污染。单四嫂子、七斤、闰土、爱姑、华老栓、祥林嫂，无一不是因灵魂遭到污染而没有任何自主能力，只有任凭现行制度摆弄的"无行为能力人"。所以鲁迅在《〈阿Q正传〉的成因》中说："中国倘不革命，阿Q便不做（按：革命党）；既然革命，就会做的。"在鲁迅而言，同情底层民众的命运与揭示他们身上的病态，二者并不矛盾。于是，《一件小事》中的车夫，到了鲁迅的笔下，绝不可能"自作主张"地去帮助这个老女人——医院正是帮助人的场所，更遑论反抗已经坐在自己车上的雇主，只能是走向"局子"——警察局是权威的象征。对车夫而言，他自己完全不具备判断力，必须借助于外在的威权机构，这种机构可能是"七大人"这样宗法制度上的乡绅，可能是"赵七爷"这样掌握某种文化资源的人，也可能是暴力机关——巡警分驻所，甚至有可能什么都不是，只是穿着略显体面的"上等人"。车夫此刻的"毫不踌躇"，达成的是反讽效果——显示其深入骨髓的"精神奴役创伤"，寻求外在的权威在他已几近本能。这才是鲁迅对底层民众的一贯认知。

应该说，这是一篇非典型的鲁迅作品。因为通过描写人力车夫来完成对庶民阶级的赞美，本是《新青年》组织的一次笔会或者是一次行动，刘半农、李大钊、胡适、郁达夫，都创作了这样的作品。鲁迅虽然也参与其中，但"劳工神圣"的主题实在不符合鲁迅"疗救病态社会中不幸的人们"的文艺理念，所以在这篇小说中，始终贯穿着一股反讽的张力。而同样的题材，郁达夫《薄奠》的处理就好得多，因为他并没有拗转自己的创作思路。《薄奠》和他的名篇《春风沉醉的晚上》，都表现了知识分子与工人灵魂上的平等对话，因而在他的这些小说中，第一人称的"我"和郁达夫，是可以等同起来的；"我"在与工人交往过程中灵魂上得到的救赎，也显得亲切而可信。而鲁迅的情况则正相反。《一件小事》中的"我"，是绝不能同鲁迅本人画等号的。既然从没有人把《孔乙己》中的"我"——咸亨酒店的小伙计，他也是孔乙己不幸遭遇看客中的一员——等同于鲁迅本人，为什么就不假思索地把此处的"我"视作鲁迅的自我反省呢？仅仅是因为《一件小事》太不像一篇小说吗？

由于对叙述者"我"的质疑在小说文本层面已经展开，削弱了叙事声音的复杂性，"我"几乎不被视作鲁迅创作出来的一个人物，而是简单地被当成鲁迅自己的声音。这样一来，随着鲁迅文艺地位的确立，它无可争议地坐实了知识分子在无产阶级面前的"原罪"。这种误读开启了之后一种不易察觉而又非常危险的道德写作范式——自我矮化。不要说绝大部分中小学生都写过这种风格的记叙文，就连朱光潜、费孝通这样的大学者，新中国成立后又何尝不曾写过充满负罪感、赎罪感的文章，表示要与自己的"资产阶级观念"决裂？而以政治运动的方式去完成知识分子在阶级感情上的转变，更是制造出这一群体空前的道德虚伪，这恰恰走到了鲁迅所强调的"诚"的反面。自我贬低绝不是谦虚，它只能导致主体的卑怯、猥琐，最终滑向"乡愿"式的伪道德。一个民族的文化道德建设更不能够以自我矮化为起点，以便显示"飞跃"的效果，相反，它只能把全社会的道德水准压制在及格线以下，还会滋生出一大批"道德工头""道德小贩"。清除自我丑化的陈腐滥调，重建健康、健全的自我反省话语，这绝不是"一件小事"。

其实，《一件小事》正是鲁迅对中国思维的重新认识，或者是再定位。在启蒙思想和启蒙实践中失落的情绪，失望、寂寞、苦闷、愤怒的现实，增长了"看不起人"的坏脾气。在文章看似简单的自我剖析中，却达成了灵魂的救赎。"这一类的人们，就是现在也何尝少呢？说中国人失掉了自信力，用以指一部分人则可，倘若加于全体，那简直是污蔑。""要论中国人，必须不被搽在表面的自欺欺人的脂粉所诓骗，却看看他的筋骨和脊梁。自信力的有无，状元宰相的文章是不足为据的，要自己去看地底下。"

这种思想认识，才应该是健康、健全的文人反思语境，才是反抗绝望的灵光，才是必须正视、不可误读的"一件小事"。

‖作品来源‖

　　发表于《名作欣赏》2015 年第 33 期。

意义与结构的重新梳理

——鲁迅《阿Q正传》的文学社会学批评

吴礼明

导　读

　　本文将《阿Q正传》置入到发生结构主义"文学社会学方法"的理解结构之中。在批评庸俗社会学因离开文学文本分析而有害于作品理解的同时，指出鲁迅笔法与技巧等个体行为与他所处的环境与集体行为密切相关。但其"冷嘲"的风格却影响到读者对作品的把握与理解，尽管如此，作品仍因其深刻的复杂性而耐人寻味。

对《阿Q正传》一些社会学解释的批评

　　有些社会学方法对于作品内容的理解时常十分惊人，如周作人《鲁迅小说中的人物》里有颇多对于人物过于泥实的甚至是附会的解释，而在为《阿Q正传》所做的"导读"里[1]，何满子先生的解说使作品每一句简直皆可作社会政治、思想及伦理式的阐释。如此一来，文学摇身一变，似乎就成了剖析社会的论文了。鲁迅好像也有过类似的表述，他说："就是我的小说也是论文，我不过采用了短篇小说的体裁罢了。"[2]那么，作品个性上的东西还有多少呢？这也许是当时文学提倡"写人生"，为社会、为人生的结果。而按照接受美学的观点，一部作品并不纯然地属于作者，所以解释一部文学作品如果不重返回它的文学之道，现在看来，那就是失其根性了。

---

① 丰子恺绘本、何满子导读:《阿Q正传》，上海书店出版社，2001年版。

② 冯雪峰:《回忆鲁迅先生计划而未完成的著作》，转引自王献永《鲁迅杂文艺术论》，知识出版社，1986年版。

　　最突出的问题是阿 Q 形象的复杂性。我们看早期的，如《晨报副刊》等对这部作品的批评，大都是一般阅读的受众效应代替了对作品文本的分析。而这种效应又是局部的、不系统的，甚至是支离破碎的，其释阅的连贯性与准确性就相当值得怀疑了。如成仿吾在《创造季刊》2 卷 2 号的《呐喊的评论》中说"《阿 Q 正传》为浅薄的纪实传记"，而且"结构极坏"；1924 年 4 月 3 日，《晨报副刊》冯文炳对《呐喊》一文则读出了"鲁迅君的刺笑的笔锋，随在可以碰见……至于阿 Q，更是使人笑得不亦乐乎"。另一评论家张定璜在《鲁迅先生》中说："作家的看法带点病态，所以他看的人生也带点病态，其实实在的人生并不如此。"《阿 Q 正传》在《晨报副刊》陆续刊出时，就已引起了不小的骚动，1926 年 8 月 21 日《现代评论》第 4 卷第 9 期涵庐在《闲话》中说："有许多人都栗栗危惧，恐怕以后要骂到他的头上……疑神疑鬼，凡是《阿 Q 正传》所骂的，都以为就是他的隐私。"而且，大多批评家所做的"泛阿 Q 主义"的解说，也给作品的解读带来相当大的麻烦。有一种语文教参上就认为"阿 Q 主义"是一个集合体，如国民思想劣根性的典型，是从统治阶级身上移植来的落后性，以及农民自身的落后性等。[①]

　　这种社会学发展的极致曾是 20 世纪二三十年代围攻鲁迅思想的"枪手"，也是迫使鲁迅极力还击的重要原因，以致给人造成一种错觉：鲁迅很庸俗。直至今日，也仍有其顽固的市场。这样解释作品，尤其是解释鲁迅的作品，便陷入了一个怪圈而不能自拔：谈作品，唯有社会思想的深度，而无文学形式的新奇。

　　为走出这个怪圈，重回作品应有的文学之道，我们必须把握作品的真正内涵与意味，以同作品被赋予的外在意念区别开来。为此，有必要设定在一种比较合理的框架内探讨作品。我们将根据法国学者吕西安·戈德曼的"文学社会学方法"，具体地并将适当地进行一些心理分析与社会学分析；并把作品中的某些片段置入一个"整体的关系网之中"，以"重建""在社

[①]《高中语文教参（第五册）》，人民教育出版社，1999 年版。

会和文化事实中看起来缺乏意义背后的客观意义"。①

社会集体行为：传统笔法和技巧的复杂与局限

吕西安·戈德曼说："当我们研究文化巨著时，社会学方面的研究却发现，通过把这些巨著与其结构的容易阐释的集体整体相联系，则更容易发现那些必要的环节……这些集团中每一个都作用于他的意识，从而帮助形成一种独特的、复杂的和相对不连贯的结构；然而相反的，一旦我们研究那些隶属于同一社会集团的一大批数量充分的个人时，上属个体中的每一个所隶属的其他不同社会集体的行动便与归因于这种成员关系的各种心理因素相抵消，从而，我们又面临一个更简单、更连贯的结构。"②

下面我们就来看看鲁迅作品里的"社会集体行为"。新旧派文人间论战的"新文化"时期，被称为虎虎有生气的黄金时代之一，作家自觉或不自觉地在心中存有了那一时期的思想或潜在的思想。我们看到，文化的因子正是在那种论战中有一个交流与互动的状况。何兆武在《也谈对学衡派的认识与评价》中说："五四新文化运动那批代表人物全部是从旧学营垒里走出来的，如陈独秀、胡适、钱玄同、鲁迅诸人，他们的旧学根柢是极其深厚的，不知要比指责他们抛弃了旧传统的人要高多少倍。""林琴南，曾在白话运动中充当了反白话的急先锋，却穷毕生精力以桐城派笔法翻译了好几十部西方小说，计两千余万言，为当时中国文化界开辟了一个崭新的天地，使中国方面憬然于原来夷人不光是船坚炮利，也同样有他们的精神生活。""国粹派表面上一味崇古复古，而其骨子里则是一味崇洋媚外。学衡派表面上既非一味崇古复古，骨子里也决不一味崇洋媚外。"③在矛盾的斗争、吸收与转化中，新派显示了生命力的强大，甚至显现出超乎旧派的老辣，这方面，鲁迅似乎"中毒太深"了。这当然不是指在基本思想观点上，

---

①② ［法］吕西安·戈德曼：《文学社会学方法论》，段毅、牛宏宝译，工人出版社，1989 年版。

③ 何兆武：《也谈对学衡派的认识与评价》，《读书》，1999 年第 5 期。

而是视野与思想的范围及研究的方向上，应当看到鲁迅的学术思想与其道德观念有着深刻的冲突，而前者在文学中又明显地占了上风。

极具特色的是，鲁迅掌握了传统小说的技法。如他有意突写人物特征的几件典型事件，给人耳目一新的感觉。在人物的传神写照上，往往勾勒几笔，凸显人物的魂魄，也很见出功力。与鲁迅是冤家对头的苏雪林曾说："我们要知道鲁迅文章的'新'，与徐志摩不同，与茅盾也不同。徐志摩于借助西洋文法之外，更乞灵于活泼灵动的国语；茅盾取欧化文字加以一己天才的熔铸，别成一种文体。他们的文字都很漂亮流丽，但也都不能说是本色的。鲁迅好像用中国旧小说笔法……他不在惟事项进行紧张时完全利用旧小说笔法，寻常叙事时，旧小说笔法也占十分之七八。但他在安排组织方面，运用一点神通，便能给读者以'新'的感觉了。"①关于鲁迅如何利用传统艺术技巧的自述，可参看他的《南腔北调集·我怎么做起小说来》。

鲁迅尤其精化了"冷嘲"的风格②，常常于冷峻之中给人以"寒噤"的措手不及。对于形成这种风格的具体原因，美国的夏洛安在《鲁迅作品的黑暗面》中说，仅仅把鲁迅看成是一个吹响黎明号角的天使，就会失去中国历史上一个极其深刻而带病态的人物。他确实吹响了号角，但他的音乐辛酸而嘲讽，表示着失望和希望，混合着天堂和地狱的音响。夏洛安认为，"黑暗的闸门"所象征的鲁迅抗击的黑暗，主要来自两个方面："一方面是中国传统的文学和文化，另一方面是作者忧烦的内心……传说中英雄被压死这个典故本身就暗示着鲁迅意识到自己对黑暗无能为力而自愿接受牺牲，正是这种意识赋予鲁迅作品以那种标志着他天才的悲哀。"因此，"鲁迅作品里的希望与灵感时常与阴暗并存，看来鲁迅是一个善于描写死的丑恶的能手……丧仪，坟墓，死刑，特别是杀头，还有病痛，这些题目都吸引着他创造性想象，在他的作品中反复出现，各种形式死亡的阴影爬满他的著作"。夏洛安还说："鲁迅体现着新与旧的冲突，同时也体现着另一些超越历史的更深刻的冲突。"但鲁迅"太热衷于摆脱这类梦境的挣扎了"，

---

① 邵建：《20世纪的两个知识分子：胡适与鲁迅》，光明日报出版社，2008年版。
② 周作人：《关于〈阿Q正传〉》，《晨报副刊》，1922年3月19日。

尤其"鲁迅是处于一个艰难的时代，他个人敏锐的感觉并未被他中国的追随者和解释者所充分赏识"，因为"在白话杂文的发展中，要靠机智，要靠仇恨和轻蔑的词汇"①。在解释"一个耐人寻味的现象：近代以来厕身于先知先觉行列中的中国知识分子一方面是充满了爱国主义热情，同时另一方面却又对自己民族文化的传统采取极为鄙视的态度"时，何兆武认为，国粹与爱国并非一回事。国粹主义者往往并不爱国，爱国主义者又往往鄙视国粹。在更深层次上说，正是顽固派以旧文化传统作为抗拒新思想的堡垒，才使得新文化的激进派对旧文化传统发起了全面的攻击。②当然这样的一番背景也给阅读作品带来了不小的麻烦甚至是负面作用。如《阿Q正传》因《晨报副刊》"开心话"所请而作，其"冷嘲"中的"油滑"与"影射"的笔调好像也很合商业炒作的味道。因而作品一出，便陷入了种种怀疑与猜测之中，成为攻击与争斗的目标，这与《药》等作品的严肃主题不同。

这样问题就出现了。阿Q身上究竟有多少属于小说人物自身的东西？在文学个性上，是不是附加的东西越多，就越能体现人物形象的容载与丰富性？把阿Q说成是"高度凝聚化、高度概括化的精神典型"与文学所要求的具象之间有很大的差异。陈漱渝说："鲁迅生前多次反对把《阿Q正传》改编成话剧，认为改来改去只剩下了滑稽。"③这也可以作为一个证明。显然，其杂文式的议论使人物的心理、思想与行为呈现极其庞杂的特性，使得阿Q很难被归类，如划归雇农、流浪汉等都不甚恰当。正因为阿Q的形象与文学具象的要求之间相差很大，所以阿Q的形象屡屡引发疑问，尽管有作者的回答④，仍旧是相当模糊的。鲁迅后来谈小说创作时，将这种模糊归因于写作取材本身的庞杂和写作的难以连贯，在1926年他所写的《〈阿Q正传〉的成因》里也能见出他当时的创作是相当的"苦"，似乎很难"一气写下去"。

---

① 房向东：《"病态天才"的"毁灭"——夏洛安的鲁迅观》，《鲁迅研究月刊》，2000年第11期。
② 何兆武：《也谈对学衡派的认识与评价》，《读书》，1999年第5期。
③ 冉茂金：《击中要害的狙击手出现了吗？——访鲁迅博物馆副馆长陈漱渝》，《新华文摘》，2000年第11期。
④ 鲁迅：《华盖集续编·〈阿Q正传〉的成因》，见《鲁迅全集（卷三）》，人民文学出版社，1973年版，第362—371页。

但其时髦的"冷嘲"却无疑是一个恶的征兆。

作品"悖论"式的表述方式

尽管如此，一般认为，鲁迅这篇力作仍有不少有待深掘的地方：如采用漫画式，以本质代替形象；它突出所变特征，而有意造成不协调的效果；在不协调的形变中，让人可见其创作的"裂痕"（所谓"硬伤"）与作品能量的绽放。这也许就是古代高明的拳师所惯用的方法，先有意露出破绽，好引人上当，再予以狠命的打击。如果人们要嘲笑那个"精神胜利法"，那么他们就会落入鲁迅设下的"陷阱"，成了被嘲笑的对象，因为这是一个不能被嘲笑的对象；否则读者因为不懂他的用意，不明周作人为其评价时所下的"冷嘲"的含义，而露出他们自身的弱点。在作品中，强烈的对比，尖锐的冲突，都相当醒目地展示了极其复杂的矛盾性。而更多的则是其中的"悖论"式的矛盾冲突表现法，使得作品呈现在读者面前的是多层次、立体的丰富内涵。这在写作思想上是一次突破。在《狂人日记》中，只有当一个人"疯"了的时候，他才有可能解读一部真正的中国历史（所谓"吃人"的历史），而此时他应对社会却是无能为力的，反而面临着被"吃"的命运。在《阿Q正传》中，阿Q的"精神胜利法"的外表与内在的痛苦，阿Q的"革命"与"被革命"，阿Q的地位与其思想的深刻的复杂性……简而言之，这不是一个逻辑上的混杂，而是深刻地反映了作品在思想内涵上所达到的不以作家的意志左右的深度与复杂性。那么，如何解释这些"悖谬"的关系呢？

帕斯卡说："我们唯有调协了自身的一切对立性，才能形成一副美好的本质，而不调协这些对立的东西就无法追寻一系列相调协的品质，要了解一个作家的意义，就必须调协好一切对立的章节。"在本作中，作品要描写的对象与我们的直觉印象及其把握之间，作品中人物内在的情感与所描述的外在形象之间，以及作品所表现出来的冷嘲、愤懑、深寓、怜惜的感情与众多读者的肤浅、直露、游戏之间，都给人以强烈的触动。正如"矛盾"辞格所说的"先以其异样的不协调却内容真实的字眼使人吃惊,后以其生动而微妙的潜隐描述,牵动读者的感情"①。例如"革命",鲁迅说,"中国倘不革命,阿Q便不做,既然革命,就会做的"。阿Q先前也无由地厌恶革命,而风潮兴起使他感觉到革命对于他人生的有用性,他便热切地向往起来了,并有了"革命"的真实的理想与热切的憧憬。问题是,阿Q真的革命吗?从经验的情形看,真正的革命必在高度自动化、绝对服从的组织架构里隐藏"私我"地运作着,而阿Q便相形见绌了。当然,无数的"革命"在胜利之后,为财富、权力、地位与嗜欲,又进行着惨烈的较量,又足足见出阿Q自私的诚实来。

阿Q的确是"可笑"的,但也有着掩饰不住的可爱。如赌博输钱后,站在人后面替人着急,闲人询问他的光荣史也坦诚相吐而丝毫不加遮掩,赊欠不给在他是不曾发生的……也许鲁迅对这样的人物别有怀抱,如写孔乙己等人,均不忘其善良的一面。并且,从人性角度看,他长期受着压迫而不得解脱;他生性麻木,"革命"而成了"革命"的牺牲品;他的活着虽有些"偷混",却大体上是依靠自己而生存,并没有顽赖的恶习。因此,他的被杀自然有着深广的社会悲剧性。何满子说:"阿Q之死是用喜剧的形式包裹起来的中国无告群众的深沉的悲剧。"②

对于他因沉重的压力而变得麻木不仁的嘴在最后喊出"过了二十年又是一个……"的清醒而富有哲理的话,却也实在振聋发聩!他,阿Q,曾高兴地看着革命者被杀,最后也成了看客的材料,在别人摄魂般的眼睛里死去,作品要透露出的荒谬感与虚无感就在这里。再者,阿Q被别人"轻松"时,尚且可以"动物"般地活着;而他"人"般的"自我意识"逐渐复苏时,"胆子"越来越大,死期却渐渐地临近了。而临死之前的"救命"的呼叫,显然已是无济于事了。作品把这种意识到的"意识"置于广大仍未觉醒的那些"眼睛"及一个女人(吴妈)的好奇(出神地看着兵士们背上的洋炮)上,其悲剧的意味就更浓了。

---

① 陈淑华:《英语修辞与翻译》,北京邮电学院出版社,1990年版,第401页。
② 丰子恺绘本、何满子导读:《阿Q正传》,上海书店出版社,2001年版。

阿Q形象分析："精神胜利法"的虚幻存在

　　"精神胜利法"在阿Q身上，一般赋予它以自私、保守、自贱与健忘等含义。在所谓社会学的深层意义上，它又被冠之以"自欺欺人""卑弱""奴才"等名称，甚至也是类似于"豁达""不在乎""看淡一切"等说法的反讽。它因此作为半殖民地半封建社会的一种标志而广招评论。但当代著名学者、美国威斯康星大学麦迪逊校区历史系教授林毓生先生说："阿Q……的精神胜利法，仅只是他的表面特征，而更为基本的特征则是他缺乏内在的自我……如果我们把阿Q通过社会所获得的传统文化体系的因素，也包括进去作为他的本性的部分，那么，阿Q便可以称为几乎全靠本能生活和行为的动物了。"[①]的确，鲁迅惯于从生物学意义上揭示社会与人的可能演化的情形。如在《狂人日记》里，他从一个生物摄食的行为"吃"，看到中国"吃人"的文化，鲁迅曾就刘、项见到始皇帝的"阔气"而发"如此"的议论时说："何谓'如此'？说起来话长；简单地说，便只是纯粹兽性方面的欲望的满足——威福，子女，玉帛——罢了。"[②]

　　其实在作品中，"精神胜利法"只是一个表征，作者要揭示的是阿Q在生物的层面上而又力图摆脱这生物层面的一种存在状态。这里仍然可见作品"悖论"式的表述方式。

　　"恋爱的悲剧"揭示了"精神胜利法"的虚幻存在。小尼姑"断子绝孙"的骂声，使阿Q感到摸着小尼姑的脸的指头"有点古怪""滑腻"；吴妈向他说起"少奶奶"在娶小老婆的事上闹气，"八月里要生孩子"等，使阿Q自然想到女人的事。而阿Q的"恋爱"，多少含有一种典型意义上的合乎生物生存与种的延续的需要；甚而包括他的出逃，以及所谓的"革命"都可作如是观。虽然这似乎是一种不需要任何原因的解释，正如他憎恨革

---

①　林毓生：《中国意识的危机——"五四"时期激烈的反传统主义》，贵州人民出版社，1988年版，第215页。

②　鲁迅：《热风·随感录五十九》，见《鲁迅全集（卷二）》，人民文学出版社，1973年版，第75页。

命党人，因为他本能地觉得"革命者便是造反，造反便是与他为难"；而他后来的被杀又不幸地应验了他那本能的感觉。但是，作品从第四章开始虽然也涉及所谓的"精神胜利法"，却重在以此暗示人物"不人"的苦痛，用笔有一个从油滑、影射到严肃的变化。这一点读者往往将其忽略了。

尤其是，小说以集中的篇幅描述了阿Q的精神与心理状态。红烛高照下，其张嘴的睡态、一脑子的"胡思乱想"中，却让人看到了一个复苏了的、本原的阿Q式的想法。这也合乎弗洛伊德关于存在与压抑状况的一般说明。①当然，正如吕西安·戈德曼所说："真正的对立并不是像弗洛伊德所认为的存在于本我的冲动与自我之间，而是存在于本我的冲动与构成一个人的意识的冲动之间。"②由于阿Q"是以一种变态的心理来这样做的"，这种想象的"创造就把这种不足置于一种以病态的心理来对付的周围世界之中"。它"产生于和显示有关的主体之渴望的未满足。为了支撑这强加给他的挫折，而被迫采取一种形象的创造来补偿这些不满足"③。

一般分析家都不会放过阿Q玩弄小尼姑那一节文字。有人认为它是"催发"了阿Q的"性意识，由此而导致一场失败的恋爱闹剧"④。但本文的理解是，作品不仅有揭示阿Q的"变态"的用意，在结构上，这一节文字还是阿Q精神复苏的一个征象，这也是全文的转换点。而阿Q精神的复苏，即对压迫的解除，是需要一种"成功"的帮助的，而此举又恰恰表明了这一点。阿Q精神复苏的其他例证，如后来进了城，在未庄便有了点"身价"；而回来时对所有的人冷冷的神气，又使他感到了自尊与得意，而且还会"扬起右手，照着长脖子听得出神的王胡的后项窝上直劈下去"，并喊着"嚓"。须指出的是，前面的章节里，阿Q并非没有成功的努力，却都以失败而告终，所以他无法解除那种环境的压力，只能显示其"精神胜利法"的一面。关于这一点，前面提及的那种中学语文教参上讲的颇为准确：阿Q的"精神胜利法"究其实，是"来自不断反抗的不断失败，是还想反抗而在行动

---

① 余凤高：《"心理分析"与中国现代小说》，中国社会科学出版社，1987年版，第101页。
②③ ［法］吕西安·戈德曼：《文学社会学方法论》，段毅、牛宏宝译，工人出版社，1989年版。
④ 丰子恺绘本、何满子导读：《阿Q正传》，上海书店出版社，2001年版。

上不能实现反抗的自我安慰。它含有强烈的不屈服、不妥协，要求获得反抗胜利的因素"[1]。

有关阿Q"精神虚无"的直浅分析（如李铁秀等）[2]，细思起来有欠公允。事实上，阿Q无时无刻不在努力着他的对种种环境压迫的解除，如他对"革命"的喜爱、向往并不断争取。虽然那"革命"非常的荒唐，但不能否认他有他的幻想与努力在，也说明其是有意识的，而且是在一步一步地复苏着的。在行文的最后，他则有了清醒的"生命意识"而喊出"救命……"，这已经不是动物般的嚎叫了，虽然他的生命在往后的即刻就已消亡。而这也正说明了那个社会的死寂与无生气，是不容得人有觉醒的意识的，这又与作者在《呐喊·自序》里谈到"铁屋子"的复杂心情是一样的，都同样体现了作者通过"悖论"对现实的深度认识。

┃作品来源┃

发表于《名作欣赏》2015年第34期。

① 《高中语文教参（第五册）》，人民教育出版社，1999年版。
② 李铁秀：《精神的黑暗与虚无——"阿Q精神胜利法"解析》，《中学语文教学》，2001年1期。

浅谈鲁迅小说《白光》的情节提炼

沃春霞

导读

鲁迅总是努力透过生活素材的表面现象，去探求它内在的本质，发现它所蕴含的深刻意义，并以此作为艺术构思的基点，对原有素材进行选择和淘汰，选取有用的经过加工、重组，提炼出作品崭新的艺术情节。

鲁迅小说之所以具有激动人心的艺术魅力，是同它情节的丰富性、生动性分不开的。鲁迅在小说的创作中不但表现出驾驭情节的巨大才能，而且还为后人积累了极为宝贵的提炼情节的艺术经验。

鲁迅自己讲："作者写出创作来，对于其中的事情，虽然不必亲历过，最好是经历过的。我所谓经历，是所遇、所见、所闻，并不一定是所做，但所做自然也可以包含在里面。天才们无论怎么的说大话，归根结底，还是不能凭空创造。"作家丰富的生活准备是创作艺术作品的基本前提。然而现实生活中的各种事实又不是都可以依照原样搬进文学作品里的。因此，鲁迅要求"选材要严，开掘要深，不可将一点碎屑的没有意思的事故，便填成一篇，以创作丰富自乐"。正如鲁迅自己的小说，大多数的人物、情节，都可以或多或少地从生活中寻到其原型和缘由。但我们却始终看不到他有哪一篇小说是完全复制生活原型或者拷贝原始素材。

鲁迅总是努力透过生活素材的表面现象，去探求它内在的本质，发现它所蕴含的深刻意义，并以此作为艺术构思的基点，对原有素材进行选择和淘汰，选取有用的经过加工、重组，提炼出作品崭新的艺术情节。《白光》是作者以童年时代的一段见闻作为素材的：周子京曾是作者私塾读书时的先生，是一个因文章过于低劣而被批饬不准应试的读书人。有一次，一个老女佣喝醉酒走进他的书房，坐在太师椅上，忽然叫嚷起来："眼前有一道白光。"周子京以为真的是祖先埋财宝的地下放射出亮光来了，就急急忙忙放学，让学生回家，而从外面带来人连夜挖掘，虽然，因此闪了腰骨，还是一无所有。过了四五年，他终因精神病严重，用剪刀戳破喉管，投水自杀。

鲁迅并没有原封不动地将这段童年时代的见闻照搬进作品里，而是深入思索这个故事的内在意义。他对周子京这一类旧家子弟是非常熟悉的，通过长期的观察，他看透了封建末期地主知识分子的鲜明特征就是在孔孟"学而优则仕"的诱惑下产生的疯狂的利禄欲。他曾在一篇文章中指出这种人"如果是穷极无聊了，那就更要修破书，擦古瓶，读家谱，怀祖德，甚至于翻肮脏的墙根，开空虚的抽屉，想发现连他自己也莫名其妙的宝贝，来救这无法可想的贫穷"。当然鲁迅要揭露这一特征，单凭重复童年的见闻是无法充分体现他的创作意图的。比较生活中的周子京的经历和《白光》里陈士成的故事，我们就会发现作者对原故事的改动。

在《白光》中陈士成平日梦寐以求的是锦绣前程，当了秀才，去乡试，青云直上，绅士们千方百计来攀亲，人们像见神明似的敬畏；赶走了租住自己破宅门里的杂姓，全新的屋宇门口是旗杆和匾额，"要清高可以做京官，否则不如谋外放"。正是这种爬到人上人的地位的欲望，怂恿着陈士成连续十六回去参加科举考试，而在落第时又是那样的颓废与绝望，并且以那种野兽般的疯狂去寻掘祖先埋下的财宝。作者着意揭示陈士成这种人生观，就为人物的全部活动提供了有力的思想的和心理的依据。

作者抛弃了生活原型掘藏行动的偶然性因素。在作者的情节里，陈士成的掘藏已不像周子京那样是由于老女佣醉后乱语引起的偶然的动作，而是被描写成他看榜落第后回来的完全符合自己思想逻辑发展的必然行动，是他感受到自己梦想的美好前景像受潮的糖塔一般霎时倒塌的幻灭以后，再度进行的以另一种形式出现的追求利禄的努力。这样改动，就清晰地揭示了掘藏活动和他人生理想的必然联系，强烈表现了他追求利禄的疯狂性。

《白光》的情节对掘藏的方式和结果也做了改动。陈士成不请人来协助，只他独自一人在深夜月光下苦斗；周子京的结局是发疯自杀，陈士成却是室内发掘未得，幻想"到山里去"发现地下财宝，终于在途中沉溺于万流湖中。这些改动，进一步突出人物的性格，而且使故事更加集中、更加生动。

由于作者对生活素材深入开掘，把握其本质的特征，从塑造典型人物和主题表现的需要出发，对原生活故事进行彻底改造，因而《白光》的艺术情节比起原生活就更加丰富深刻，具有更高的典型性。然而，在作家的生活素材的文库里，有些事件内在的本质特征并不是容易认识和探取的；有些事件本身甚至并没有蕴含什么深刻的社会意义。鲁迅的艺术经验告诉我们，在这种情况下，切不可匆忙根据这些"没有意思的事故，便填成一篇，以创作丰富自乐"。但随着生活积累的日益丰富和思想认识的不断提高，作家对普通、平淡的生活素材，就可以赋予其中某些部分以新的生命，在新的深度上改造加工，提炼成崭新的艺术情节。

鲁迅小说的情节提炼，在对生活素材的严格选择、深入开掘的同时，又始终是以作品的主要人物典型性格的塑造为中心而展开的。他善于在众多生活原型的基础上概括出人物性格的本质特征，同时又根据主题的表现需要，从生活素材中精心提炼出典型的矛盾冲突和事件，并在冲突与事件中完成人物性格的发展史，从而完成典型人物的塑造和情节的提炼。

鲁迅曾说过，在艺术欣赏中，"幻灭之来，多不在假中见真，而在真中见假。只要知道作品大抵是作者借别人叙自己，或者以自己推测别人的东西，便不至于感到幻灭，即使有时不合事实，然而还是真实。"正因为鲁迅在生活真实的基础上进行大胆的想象和合理的虚构，才赋予了作品情节以更高的艺术真实。

总之，在丰富的生活积累基础上，严格选材，深入挖掘题材，将提炼艺术情节和塑造人物紧密结合起来，运用形象思维，发挥艺术想象与虚构的能力，鲁迅创作出了深切地、特别地代表着中国现代小说成熟的《呐喊》《彷徨》。

‖作品来源‖

发表于《语文天地》2011年第18期。

鲁迅的空间想象："都市空间"与"乡土记忆"
——以《端午节》为中心

于珊珊

导　读

都市与乡土的空间经验在鲁迅的内部从对峙发展到激烈的交锋，撞击出一种关乎孤独、闭塞感的文学语境，形成了鲁迅作品中独特的空间想象。就此而言，短篇小说《端午节》切近地表现了都市环境与乡土意识形态共存的特殊空间和知识分子在此空间中的尴尬，方玄绰的"差不多"论曲折地隐括着当时投影在鲁迅想象中的城市寓言。本文还从空间想象的角度考察了爱罗先珂的影响在《端午节》创作中的体现。

引言

鲁迅离开满载着自幼年到少年时代记忆的家乡绍兴之后，以晚清时代的大都会南京为起点经历了日本的东京、仙台，于辛亥革命后寓居北京、厦门、广州，并最终选择定居在上海。也正是以上海这个 20 世纪 30 年代走在中国城市现代化最前端的国际型都市为空间背景，鲁迅与国民党政府进行殊死搏斗迎来其战斗生涯当中最为辉煌的岁月，而这也成为他游历东亚各大城市之后度过的人生中最后的岁月。不容忽视的一点是在这段岁月中鲁迅还以其一贯的笔调对现代化建设逐渐步入成熟期的上海的都市文化不断地做出了深刻的批判。

将时间向前追溯，从《呐喊》时期对于中国传统文化的批判，到《彷徨》时期批判传统文化所带来的弊病、审视现代化浪潮中人们的生活状态以及精神面貌等——在鲁迅的创作当中最为显著的特点之一便是他卓越的洞察力与由此激发的批判精神。就题材来看，无论是反映革命造成的农村的凋敝还是反映近代都市的形成带来的冲击与隔阂，批判意识都是鲁迅作品中从未间断的主旋律。

对于鲁迅创作的小说，学界一直以来保持着按照"过去"与"现在"或"城市"与"乡村"等进行题材划分的解读传统。这种解读方式可能会局限我们对鲁迅小说创作态度及其思想脉络形成的思考。本论文试图整合鲁迅自身统一而连续的时空经验以还原鲁迅小说创作的时空语境，通过分析鲁迅生涯中从乡土到都市的空间转移对其可能产生的影响来对鲁迅的批判意识及其小说创作做进一步的探源。此外，本文还将在此层面上，对其北京时代创作的短篇小说《端午节》做一尝试性解读。

一、空间迁移中生成的文学语境

悬置在我们眼前有待解决的第一个问题是诸多空间的迁移是如何作用于鲁迅的小说创作乃至整个文学创作的。

如果按照时间的先后顺序考虑鲁迅所经历的若干次空间迁移，可以看到，他青年时代离开当时几乎未受到推行西方秩序、理念等政治运动影响，依然处于封建传统中的故乡而赶赴南京，却不满于他所就读的新式学堂（江南水师学堂）保守的空气，近半年时间便退学回家；在此后的日本留学生涯中，他从东京转往仙台医专就读，却也同样仅过了一年半的时间就又退学返回东京（当时仙台媒体信息量远不及东京，铁路也尚未开通，人口规模与家乡绍兴并无二致[1]）；1926 年来到当时与绍兴规模相当的小城市厦门，仅四个半月后又转往当时全国第五大城市广州[2]，而最终选择了毗邻国民党政府的首都南京，到 1930 年已经发展成为城市功能齐全的现代都市上海。虽然每一

---

① ［日］藤井省三《鲁迅——東アジアを生きゐ文学》，日本：岩波新书，2011 年版，第 56 页。
② 同上，第 112 页。

次迁移背后都有种种复杂的缘由和影响因素，但从迁移的路线与节奏我们还是可以推测，他始终在寻求一种现代性，一种可以冲破传统的全新秩序及模式，而现代化都市空间成了他的理想之地。留日时期早在 20 世纪初就已完成国民国家建设的新兴帝国首都东京或许符合了他关于这一现代都市形象的构想，铁路以及路面电车的建设，邮政与电报业的发展所带来的城市信息化，近代教育的勃兴促成的读书阶层的出现乃至印刷媒体的迅猛发展等，伴随着国民经济、资本主义市场以及国民国家的成熟，确立了现代化都市文明，这样的空间体验对于在东京那里度过了 20 岁到 28 岁多思善感的青春时代的鲁迅来说，给他留下的应该是无法割舍的，乃至影响其一生的深刻记忆。

　　另一方面，鲁迅的乡村体验正与之构成了一种二元对立关系。故乡绍兴代表了封建礼教与家族制等传统价值体系下的乡土中国。这种意识结构诉诸文学创作中，便被多次地置换成封闭的古城"鲁镇"这个具有象征性的虚拟空间。以心目中的乡土中国为背景，鲁迅塑造出了吃人礼教中诞生的"狂人"，受科举制度坑害的贫弱书生孔乙己，乃至生活在畸形社会中扭曲、变异，最终成为政治风云牺牲品的阿 Q 等一系列具有代表性的"乡土"人物形象。能够称其为"系列"，在于这些看似形色各异的人物之间的同质性，单从他们所处的特异"空间"便不难看出这一点："狂人"生活在他臆想出的吃人世界，孔乙己则是作为唯一"穿长褂"的人站在鲁镇咸亨酒店当街的柜台边喝酒，至于阿 Q 是住在既非山林也非民居的土地庙里。也就是说，他们都是处于日常生活边缘中的人物，既不在"此处"也不在"别处"，边缘化的存在造成了他们共同的悲剧性，没有归属只能存在于"此处"与"别处"的夹缝中，成为在孤独与绝望中生存的人物。

　　如果说作家从个人体验中发现题材，那么执笔于《阿 Q 正传》之前的小说创作，除了描写乡村民众群像的《药》《明天》《风波》之外的所有作品（《狂人日记》《孔乙己》《一件小事》《头发的故事》《故乡》），鲁迅均以第一人称"我"进行创作，不可否认这一系列的"我"都与鲁迅的个人体验有着千丝万缕的关联，可以从"我"的背后找到潜存其中的他本人的影子，我们甚至可以将"我从乡下跑到京城里"（《一件小事》）、"我呢?

也一样，只是元年冬天到北京，还被人骂过几次，……我就不再被人辱骂了；但我没有到乡间去。"（《头发的故事》）"我冒了严寒，回到相隔二千余里别了二十余年的故乡去"（《故乡》）。这些提及"归乡"的话语称为"归乡"题材的创作中"我"的内心道白，可以与作家的内心体验进行大胆地联想。《呐喊》时期的作品，而后的《祝福》《在酒楼上》等也都可如是看。可以说，这些创作无不是他从自身的空间迁移中省察到现代性城市和封闭的传统社会之间在价值体系以及意识形态方面的巨大反差而产生的。不难想象，两种空间记忆的相互作用关系之于鲁迅的内部，是从对峙发展到激烈地交锋，从而撞击出一种关乎孤独、闭塞感的文学语境。

列维－施特劳斯在《忧郁的热带》中曾经诗意地写道：自己作为一个来往于古代与现代的时空的旅行者曾经为"一种秩序取代另外一种秩序"后既看不到即将被时间"破坏"的过去那些"现象的意义"又"对目前正在成形的真实无感无觉"的这种两难困境而苦恼，但这种困扰已经不存在"原因是时间不停地流逝"，是记忆将"两个不同的世界之间沟通起来"，使他获得了洞悉真实的智慧。列维－施特劳斯还引用了夏多布里昂（chateaubriand）在《意大利之旅》（*Voyages en Italie*）当中有关记忆的一段描述："每一个人身上都拖带着一个世界，由他所见过、爱的一切所组成的世界，即使他看起来是在另外一个不同的世界里旅行、生活，他仍然不停地回到他身上所拖带着的那个世界去。"[1]我们不妨以列维－施特劳斯的这段陈述作为视点来观察同样是时空旅行者的鲁迅在经历了不同时段的不同空间经验之后沉淀而成的认知方式。鲁迅所经历的乡土与城市这两个对立的空间，发生在过去与现在这两个不同的时间，而这些时间与空间的要素在他的记忆当中经过时间的沉淀交织在一起，并产生出一种奇特的想象，这一想象投映在作品《故乡》当中，则具体地体现为时空的交错转换：当主人公"我"相隔二十余年回到辛亥革命后已经萧条凋敝的故乡时作者有意识地安排其"回避"了眼前真实风景的细节，却在开篇讲述了记忆中

---

① ［法］克洛德·列维－施特劳斯：《忧郁的热带》，王志明译，中国人民大学出版社，2009 年版，第 39 页。

的家乡，而当叙及闰土时，则集中笔墨塑造出在月下海边西瓜地里捕猹的小英雄闰土这一形象，对于"现实中"的中年闰土就描写得相对少些。更值得注意的是，月下海边的少年闰土形象，来自于"我"对自己少年时"想象的回忆"①。曾经的乡土风景与眼前的现实风景都被置换成了他内部认识世界当中具有象征意义的有意味的风景。

二、《端午节》与第三个空间体验

在受西方价值体系影响而形成的开放性现代媒体都市与受中国传统价值观支配的传统村镇这两个对立的空间经验对于鲁迅的创作意义同等重大。但之外，我们还不能忘记鲁迅介于城市与乡土之间的另一空间体验。鲁迅在北京长达十三年之久（1912—1926）的生活，正是他所经历的第三个空间经验。前文中已经讨论了两种空间记忆与鲁迅小说形成的关系，那么作为完成上述系列小说执笔期间为（1918—1925）创作的真实舞台，北京之于鲁迅又有何种意义？

1912年5月初在好友许寿裳的陪同下，鲁迅从南京出发由上海经海路至天津，再乘坐京津铁路来到北京。1910—1920年的北京已经开始了城市化改造，到了1920年就都市空间的形态来讲，北京在内外城墙的修建、道路的铺设与拓宽、公共设施的建设等方面都已经具备了近代都市的雏形。而都市空间的形成就使得20世纪20年代后出现的文学创作语境饱含了丰富的现代性因素。

就鲁迅的小说创作而言，《呐喊》诸篇写于1918年至1922年这五年之中，经过了北京生活之初长达六年之久的沉默期（笔者更愿意将其称为记忆与现实的"对峙期"）之后，关于乡村与城市的空间记忆在1920年的文化之都北京开始沉淀，并从他重又执起笔来的那一刻起，正如前引列维-施特劳斯所说，记忆将"两个不同的世界之间沟通起来"而成为一个逐渐

---

① ［日］藤井省三:《鲁迅与契里珂夫——〈故乡〉的风景》，陈福康编译，《鲁迅比较研究》，上海外语教育出版社，1996年版，第134—159页。

清晰的映象，他已获得了洞悉的智慧与批判的力量，鲁迅重启了开始于东京留学时代的文学活动，并比以往更为活跃。

在鲁迅的小说中获得评价最多的《阿Q正传》完成后，鲁迅紧接着创作了以当时的北京为背景的《端午节》，这是他以城市为题材创作的第一部作品。尽管鲁迅的小说为人评述甚多，但对于《端午节》的关注却相对较少。按照学界的说法，此时的鲁迅仍处于五四以来的"呐喊"高峰期，尚未进入"彷徨"寂寞的时期，作品以讽刺笔调塑造的主人公方玄绰，作为处于现代化都市生活中的文化人形象远不及《孔乙己》中作为封建儒教体制束缚下落魄书生的孔乙己形象那样深入人心。李长之在《鲁迅批判》中直接将其判定为"不能容许的、严重的"失败之作。而竹内好也在《鲁迅》中引用了李长之的观点，并对其表示赞同进而将其列为《呐喊》《彷徨》作品群中"有讽刺却完全归于失败的"[①]系列作品之一，同时认为作品的失败在于其不可理解性。此外竹内好还引用了李长之的"他只有农村的描写成功，而写到都市就失败"[②]观点，对李长之所认为的"然而他写农村是好的，这是因为那是他早年的印象了……"表示"没有异议"[③]。由此可见，无论是李长之还是竹内好，都以题材为依据对于鲁迅的小说创作以农村与城市、现在与过去加以划分并进行优劣评价，对于鲁迅表现城市的作品尤其是《端午节》批判成"不可解读"。不得不说，这一观点影响了人们对小说《端午节》在鲁迅文学中地位的认识，此后关于《端午节》的评价与解读更是凤毛麟角，而且其中的文学性评价也都与李长之、竹内好的观点差别不大。比如，李欧梵在关于鲁迅《呐喊》时期创作的评价中对该作品也有所提及认为，《阿Q正传》之后，"他的创新力就有些下降"。包括《端午节》在内的五篇作品"读起来像散文而不像小说"[④]。

这里不能不提的是彭明伟在《爱罗先珂与鲁迅1922年的思想转变——

---

① ［日］竹内好：《鲁迅》，李心峰译，湖北文学出版社，1988年版，第88页。
② 同上，第85页。
③ 同上，第87页。
④ ［日］李欧梵：《铁屋中的呐喊》，风云时代出版公司，1995年版，第72—73页。

兼论〈端午节〉及其他作品》中对《端午节》的评价,他认为该作品与《阿Q正传》看似迥然不同,"但在批判懦弱畏缩和自我欺瞒的精神上却又是一贯的。……鲁迅有意挖掘中国知识分子身上隐藏的'阿Q精神',从许多方面来看《端午节》这篇可说是鲁迅以知识分子为主角的《阿Q正传》[①],从而将《端午节》提上了一个新的高度。但他同样也提出了该作品"在鲁迅整个小说创作中的属性和定位不够明确",并将鲁迅小说分为"着眼于国民性批判多半采用客观的叙事角度"和"知识分子的自剖"这两大类型,而认为《端午节》介于两种类型之间。他还指出,不容易定位的原因在于"兼具两种类型"[②],也就是说,并不是该作品与上述两种类型均不相关,而是于两者皆有体现——如果出于此种原因,那么这种分类方法在评价《端午节》上的适用性乃至其分类本身的有效性都是值得质疑的。

有必要再次强调,本文始终坚持鲁迅的创作是由一种难以分割的空间记忆不断地编织,而这种空间记忆则是在传统乡土、现代都市和北京这三种不同的空间经验共同作用下形成的。当然,对于我们惯常使用的归类方法,无论是根据乡村题材与城市题材来划分,还是根据国民性批判与自我剖析来划分,抑或是根据作品表现的时代来加以划分,笔者皆非一概否认,但是这些终归都是为了阐述鲁迅众多作品而择取的研究视角。而当我们去探究作品背后由记忆所创造出的、地下水系般繁复的结构时,则不能止步于表面的、片段截取式的分类。前文中试析了现代都市与传统乡村意识建构中呈二元对立关系的空间经验对于鲁迅创作的影响,接下来本文将结合《端午节》中的相关描写,试对鲁迅在北京时代(1912—1926)的第三个空间经验进行考察。

19世纪下半叶至20世纪上半叶,由于晚清时期人口的扩张与工商业的发展,加上工业化国家在政治、经济、文化、思想等方面的冲击,在本土因素与外来因素的共同作用下,北京城开始了旨在向近代城市演进的城

---

①②　彭明伟:《爱罗先珂与鲁迅1922年的思想转变——兼论〈端午节〉及其他作品》,《鲁迅研究月刊》,2008年第2期,第25页。

市改造运动。而 1912 年至 1936 年正值城市现代化建设的高峰期。[①]一系列的基础建设以及公共工程运动使这座拥有 3000 多年城市史的帝都北京在社会形态上产生了巨大变化。

这种变化是由城墙的瓦解与道路的修建、拓宽所带来的。然而，城墙和城门将城市分割为以紫禁城为中心并逐次向外扩展而构成皇城、内城、外城的重重闭锁式格局，则体现了皇权至上的思想与森严的等级制度，同时还对于普通民众起到了精神控制的作用，进而从空间结构乃至空间意识形态上形成了封闭的内向型社会。旅美学者史明正（1963—）作为北京城市近代化研究的开拓者，曾在《清末民初北京城市空间演变之解读》一文中阐述说：修路、拓路"其宗旨是清除路障，便利交通"。城墙和城门"则由于其封闭性和限制性而严重地阻碍了交通和流动"，他还针对北京的城市建设运动评价说，"在政治上强调的不再是帝国统治者的流动，而是使城市市民化、近代化的举措，因此不仅改变了北京城的风貌，而且具有深刻的社会意义"[②]。现代性都市的出现应该意味着"市民城市"的诞生，道路的通畅、交通手段的发达、皇家园林等对外开放而成为公园，以及博物馆等公共空间的开辟等一系列效仿西方市政理论与模式的行动似乎都是强调"封建专制的皇权统治力理念"[③]向强调市民生活的重要性的意识形态的转变。尽管史明正教授指出："从本质上讲，近代化意味着平民化和效率化。"[④]但《端午节》的开头第一句话就提到知识分子方玄绰"近来爱说'差不多'这一句话"。何谓"差不多"？

小说讲了北洋政府时期北京的学校乃至政府机关欠薪、职员们和教员们索薪的事情。教员的薪水拖欠了大半年，方玄绰却还依然"不肯运动"，甚至"绝不开一开口"，他把"差不多"说公表于课堂，当成日常生活的口头语，藉此打压自己以及别人的不满，况且他也"最不敢见手握经济之

---

① 魏开肇：《论 19 世纪下半叶和 20 世纪上半叶的北京现代化进程》，《城市问题》，北京市社科院历史所，1997 年第 4 期。

② 史明正：《明末清初北京城市空间演变之解读》，《城市史研究》，天津社会科学院历史研究所，2002 年 3 月第 21 辑，第 437 页。

③④ 同上，第 440 页。

权的人物",曾经仅有的一点反抗意识也在权势面前荡然无存。因而方玄绰的"差不多"说带有了自我解脱的意味,这是"差不多"说的第一层含义。而第二层含义却往往容易被忽略。尽管军阀政府破除了传统帝制的城市建构理念,通过一系列的城市现代化改革试图强调建立"市民城市"的崭新市政理论,但鲁迅借用方玄绰之口说到"古今人不相远""易地则皆然"①——平民,哪怕是学生成了官僚也和老官僚"没什么大区别";"便是学生团体新办的许多事业,不是也已经难免出弊病,大半烟消火灭了么?差不多的"。当时由于北洋军阀政府因挪用教育经费而长期拖欠学校教员的薪俸使其在这座现代化城市中过着"凄风冷雨"般拮据的生活。而当他们几乎走投无路而向政府索要欠薪时,却在"新华门前烂泥里被国军打的头破血流"——尽管碎石路面铺设技术于1904年便传入了北京,柏油马路也于十年后的1914年出现②,但小说中描写的1922年的北京③,连位于中南海正门的新华门,也仅在道路中央铺设马路,两边的人行道还都是"烂泥"路,知识分子被近代政府的军队打倒在本应是人行道的烂泥当中头破血流——由此我们可以窥见鲁迅有关北京的空间印象。尽管北京的现代化使城市面貌以及人们的生活形态发生了显著的变化,"平民化和效率化"的现代意识形态却尚未形成。方玄绰所发出的"差不多"的感慨,似乎也正隐括着当时投影在鲁迅意识想象中的城市寓言。以上构成了"差不多"的第二层内涵,它来自于鲁迅的第三种空间经验,展现出一种与以往作品不同的特异性。

另外,《端午节》中"教员讨薪"的描写也与北京城市现代化的另外一个体现——"知识阶级"的诞生有关。据周作人回忆《端午节》"颇多有自叙成分,即是情节可能都是小说化,但有许多意思是他自己的",而方玄绰的名字是由鲁迅一个绰号"方老五"而来。④正是因为这种"自叙成分",

---

① 《孟子·离娄下》:"禹、稷、颜子易地则皆然。"意指"改换到别人的环境,也会像别人那样看待问题"。
② 魏开肇:《论19世纪下半叶和20世纪上半叶的北京现代化进程》,《城市问题》,1997年04期。
③ 周作人:《年月考证》,《鲁迅小说里的人物》,河北教育出版社,2002年版,第157页。
④ 周作人:《方玄绰》,《鲁迅小说里的人物》,河北教育出版社,2002年版,第149页。

使得作品中塑造的知识分子形象与鲁迅自身关于北京的空间经验交叠在一起而具备了普遍意义，成为当时知识阶层精神困境的缩影。1922 年 2 月爱罗先珂自上海抵京，3 月 6 日在北京发表了题为《智识阶级的使命》的公开演讲。在爱罗先珂来到北京的前一年（1921 年 7 月，陈独秀、李大钊等在上海成立了中国共产党，这和此前俄国布尔什维克革命的胜利一起给予学生阶层的思想带来了相当大的影响，他们把爱罗先珂想象成无产阶级革命胜利的预言者，但是，爱罗先珂在当日的演讲中却将批判的矛头指向了五四时期的知识分子。在与俄国革命中的知识分子的比较中他指出：

> 据我观察所及，上海的学生教员，文学家，社会党，一点没有牺牲自己的伟大精神，虽然他们亦许会为自己的理想而牺牲别人。……俄国的智识阶级，就是末日临头，依然挟着他们的理想去奋斗，去牺牲。中国的智识阶级似乎连爱及生活的理想都没有，至少在我看来是如此的……①

关于这场演讲中被批判为懦弱自私的中国的新兴知识阶层，日本学者藤井省三在论文《中国现代文学和知识阶级——兼谈鲁迅的〈端午节〉》中进行了详细的阐释：

> 方家跟过去的士大夫很两样……方先生以自己的专门性知识为手段来取得做为官僚兼讲师的资本……教育，知识是知识阶级最大而又唯一的财产。爱罗先珂给像方先生一样的薪水阶级和薪水阶级的候补生起名叫"知识阶级"。②

尽管知识分子作为一种专业人员以工薪作为唯一经济来源在现今中国乃至当时的欧美及日本等都十分普通，但对比清末以前士大夫阶级的生活，《端午节》中描写的方家的生活已经脱离了传统价值体系。首先，方家是一个只有夫妇二人构成的核心家庭；其次，方玄绰在新式学堂接受过来自西方社会的"新教育"；再者便是他对于社会的种种不合理以及政治动荡

---

① ［俄］爱罗先珂：《智识阶级的使命》，收于李小峰、朱枕薪编《过去的幽灵及其他》，上海：民智书局，1923 年版，第 9—10 页。

② ［日］藤井省三讲稿：《中国现代文学和知识阶级——兼读鲁迅的〈端午节〉》，张欣整理，《中国现代文学研究丛刊》，中国现代文学研究丛刊杂志社，1992 年第 3 期，第 236 页。

下物质层面的困窘早已洞察，并带有一定的批判精神，尽管这种批判精神已经因他的"差不多"理论而刻意隐埋。但就这一点，他也是有着深刻的自我省察意识的，鲁迅在小说中多处描写了方玄绰对于自身弱点的审视与剖析：

> 他这样想着的时候，有时也疑心是因为自己没有和恶社会奋斗的勇气，所以瞒心昧己的故意造出来的一条逃路……

> 准此，可见如果将"差不多说"锻炼罗织起来，自然也可以判作一种挟带私心的不平，但总不能说是专为自己做官的辩解。只是每到这些时，他又常常喜欢拉上中国将来的命运之类的问题，一不小心，便连自己也以为是一个忧国的志士：人们是每苦于没有"自知之明"的。

> 这种脾气，虽然有时连自己也觉得是孤高，但往往同时也疑心这其实是没本领。

由此不难看出，鲁迅在《端午节》中所塑造的知识分子方玄绰不但绝非是像《祝福》中的鲁四老爷那样传统守旧的乡绅，而且也不是像《高老夫子》中的"高尔础"那样披着新知识者外衣的旧式流氓文人。应当说在他的意识构造当中已经具备了现代的价值理念，这也正反映出鲁迅作为新知识阶层的自觉。但另一方面，方玄绰也绝不属于如《在酒楼上》的吕纬甫，或者是《孤独者》中的魏连殳那样怀抱革命理想的"有志文人"，鲁迅再次深刻勾画出了"中间物"式的人物，这一次我们看到的是新式知识分子在新旧两种文化冲击下所显露的懦弱与困窘。

再来看藤井省三编著的《鲁迅事典》中关于《端午节》评释，文中不断提及"旧历""端午""中秋"等中国传统文化元素，这正与方玄绰日常事物中的"哈德门香烟"、白话文诗集《尝试集》等伴随近代都市现代化所衍生出的新生物构成了鲜明的对比，这其中的暗示作用已经不言自明，无须在此赘述。在此应特别强调的是爱罗先珂对于鲁迅的北京生活经验的影响。藤井省三直截了当地指出："该小说是对俄国盲诗人爱罗先珂针对北京知识阶级批判的回应"，接下来便引用爱罗先珂在《智识阶级的使命》演说中对当时北京知识阶层的批判，并加以评述，"诗人批判了北京的知识阶级'梦想着中产阶级和贵族的安逸生活',而实际上却连日常生活都难以支持下去。其'热爱真美的心已消磨殆尽',对于'音乐、舞蹈、戏曲的精致……绘画以及文学等的深切理解'简直无从谈起。充其量不过是喝着闷酒、闲卧在床上读着诗集而已。尽管爱罗先珂责难中国的知识阶层连爱与人生的理想都没有,但这正是由于窘迫所造成的北京知识阶层的现实状况"[①]。显而易见的是,爱罗先珂的演说引起了鲁迅的自省与共鸣,1922年的这一年鲁迅在与爱罗先珂的交往中又受到提示与启发,这些对于他最终形成自己在城市与乡村两种空间经验之外的第三种空间经验,应该说起到了重要作用。

除此之外,《端午节》中还可以找到对媒体出版、商业圈的形成等空间要素的描写,由于篇幅所限,这里不加以详述。经历过东京时代又居住在处于现代都市初始阶段的北京,这无疑成了鲁迅创作的一个触发点,无论是城市的基础建设还是公共工程的建设所带来的社会变迁,新的空间模式都并未全面形成与之相应的现代意识形态,在乡土中国转变为城市中国这一新旧两种秩序、文化的交替中,即便是新式知识分子方玄绰也展现出了他的不适应性,当他拿着并不押韵的自由体诗集《尝试集》时,也还是按照读旧体诗的方式"咿咿呜呜"地叨念着。

‖作品来源‖

发表于《华夏文化论坛》2013 年第 02 期。

[①] ［日］藤井省三:《鲁迅事典》,日本:三省堂,2002 年版,第 72 页,引文为笔者译。

鲁迅小说中的乡土文化意蕴——以《风波》为例

牟玉珍　张先国

导　读

　　鲁迅的短篇小说《风波》描写了封闭、滞后和僻静的乡村生活画面，人与人之间的关系，构成了一个个淳朴的生活场景，充分展示了旧中国乡土社会生活文化特征：盲目尊崇传统，迷信权威；迷信古书古戏，满足麻痹于道听途说；冷漠势利关系派生人间感情冷暖；吵嚷嬉闹充满无聊无爱的生活。

　　以往大多数人习惯带着鲁迅谈写起小说缘由时说的"将旧社会的病根暴露出来"，"揭出病苦，引起疗救的注意"，从思想上拯救国民的明显的主题解读鲁迅作品。其实像鲁迅的一些采用冷静写实手法描写真实乡村生活画面的小说，如《风波》《长明灯》和《药》都含有双重主题的现象，即这三篇小说中存在着两个相互联系，但又有区别的表层主题和深层主题。表层主题即几乎人人公认的以往文学史、小说史及无数的研究鲁迅的文章著作所谓的主题。譬如，说到《风波》便是：通过写张勋复辟掀起浙江的一个小乡村的一场辫子风波，表现广大人民群众虽然经过了辛亥革命的洗礼却依然思想落后愚昧，反映了旧民主主义革命的局限性；说到《药》则是：小说通过写老栓为了给儿子治病，竟然糊里糊涂接了沾满夏瑜烈士鲜血的馒头当作药，小栓吃了不但病没治好，反而病情加重致死，反映了下层人民群众愚昧落后，不觉悟。而往往忽视了小说描写的世俗生活画面表现出来的旧中国乡土社会生活文化意蕴这一更深层的主题。

对于这些小说的这种双重主题现象，周作人很早就模模糊糊体会到了，他在《〈彷徨〉衍义》中写道："《长明灯》也是一篇写狂人的小说，但是我们的兴趣却是在于茶馆里和四爷的客房里的那一群人身上。"在同一文里，他又说："吉光屯里的一群人，和《药》里写的府横街茶馆的大概还是一路，这里写得更畅快，可以补前回的不足。乡下茶馆实在也值得写，只是很不容易……也只能这样写罢了。"周作人表达得有些含蓄，但是我们也能从中感觉到一些玄机：虽然《长明灯》和《狂人日记》都写疯子反封建礼教，但相对于这一层显而易见的主题，这两篇小说中的茶馆里的生活画面，及其表现各色各样的人的动作语言及其关系更精彩、更有意思、更值得我们去深入体味。这种情形在《风波》和《药》中同样存在：《风波》通过一场辫子风波反映农民群众愚昧落后不觉悟，或说明辛亥革命没有发动群众，革命不彻底，没能改变中国命运这样明显的主题诉求，在小说中的意义就不如它呈现的乡土生活画面及人物形象蕴含的意义大；《药》中围绕那个人血馒头表现下层民众的愚昧，民众与先进知识分子的隔膜等甚至也不如它展现的茶馆中的场景和其中几个人围绕人血馒头的对白以及华大妈、革命烈士夏瑜母亲上坟场景的气氛的韵味大。

鲁迅以上的三篇小说描写的生活画面的乡土社会生活文化蕴含重大意义，下文将以《风波》为载体，探索鲁迅小说如何体现乡土社会生活文化意蕴。

一、盲目尊崇传统，迷信权威

鲁迅的短篇小说《风波》里的乡土人们的思想意识中，最明显的就是人们盲目尊崇传统，迷信权威。当七斤说皇帝坐了龙庭了，七斤嫂听了便莫名其妙高兴，很自然地意识到又要天下大赦了。从七斤嫂充满惊喜的话语里不难听出，皇帝坐龙庭，大赦天下这等事儿的发生是自然而然、理所当然，是天经地义的，是件喜事儿。按常理，"中华民国"推翻封建帝制，把贫苦下层民众从封建剥削与压迫的束缚中解放出来应该是他们梦寐以求的大喜事儿，不该因皇帝坐了龙庭感到高兴。其实这样的反应不值得奇怪的，因那时像《风波》里这样的乡村是封闭、落后又是传统的，人们没有与时俱进的思想，在他们脑子里没有什么发展中的思想意识形态，只认世代传来的古老传统，将传统捧为"圣经"。

关于传统成为封闭落后乡土人膜拜的"圣经"的缘故，费孝通在他的《乡土中国·生育制度》中运用他的功能社会学理论这样论述："乡土社会是安土重迁的，……个人不但可以信任自己的经验，而且同样可以信任若祖若父的经验。……前任用来解决问题的方案，尽可抄袭来作自己生活的指南，愈是经过前代生活中证明有效的也愈值得保守。于是'言必尧舜，好古是生活的保障了'。"

费孝通的这种功能社会学理论解释还是有一定的合理性的，鲁迅也在他的《热风·随感录四十二》中有过类似的论述："自大和好古，也是土人的一个特征。"同一文里引用英国人乔治的话说："土人是不能同他们说理的，只要从他们的神话的历史里，抽出一条相类的事来做一个例，讲给酋长祭师们听，一说便成了。"当然还有很多文章解释过这种功能性，它们认为中国乡土社会都是一家一户分散独立住，对自然灾害和入侵的外来暴力的抵抗能力弱，乡土人们希望能有一个强大的力量保护他们，皇权便成了他们梦寐以求的救世祖。虽然这些说法很有道理，但是也不见得完全有说服力。譬如鲁迅分析过的惰性、怯懦，一种宁蜷伏安生，也不愿意改变的庸人哲学，一种借道德以自重、借人数和传统的力量挤死不合意的人的庸众专制恶习，或许也是中国社会尊崇传统，使人行不逾矩的重要原因。

传统就是乡土人的思想，乡土人的思想就是传统。而在人们的传统思想意识中，皇帝自古有之且天经地义，他们的先辈偶尔会受到皇帝大赦天下的恩惠，所以七斤嫂认为皇帝坐了龙庭，接下来理所当然就是天下大赦。这些现象是不能以理性或思想理论来推敲的，他们只是盲目地遵循传统、崇拜传统罢了。

乡土人们盲目尊崇传统，与之相应的是他们迷信权威，因为权威就是传统的代表和体现。皇帝便是最高的权威，可山高皇帝远，真正作为权威在乡村里产生影响的往往是衙门、乡绅及知书识礼的人。在《风波》中衙门权威还仅仅作为背景出现，因为衙门里的大老爷也还没有贴出告示。而真正出场表现权威的是咸亨酒店里的人和赵七爷。当赵七爷出现在土场上，所有在吃饭的人们都纷纷站起来争着请七爷一起用饭；七爷到七斤家又提起皇帝坐龙庭的事儿，且说长毛时候，留发不留头，留头不留发……书上一条条明明白白写着的时候，七斤夫妇立刻完全绝望了。像赵七爷这样在乡土社会里受人恭敬信服的人，在鲁迅的其他小说中也有很多。如《离婚》中和知县大老爷换过帖的七大人，《阿 Q 正传》里有钱有势且儿子考上秀才的不准人家阿 Q 姓赵的赵太爷，《长明灯》中疯子的曾祖父曾捏过印把子，而现在官府里的他们管着，就使凶暴蛮横的方头、阔亭也不敢动疯子。为什么这些人对人们产生这么大的影响？因为他们是人们心目中正确的、传统的和规矩的把持者，是权威的象征。

那么像赵七爷、七大人、赵太爷等凭什么有这么大的权威呢？费孝通在《乡土中国》中有一章写到长老统治，在文中有这么一段论述："在变化很少的社会里，……生活是一套传统的办法。……文化像是一张生活谱，……凡是比自己年长，他必定发生过我现在才发生过的问题，他也是我的'师'了。……而每一个年长的人都得恭敬、驯服于这种权利。"那是不是年长、有经验的人就可以成为长老，有长老教化年轻人的权利，威震乡里的权威呢？其实不然，譬如《风波》中的九斤老太自作了五十大寿以后，就渐渐变成了不平家，常挂在嘴边的是我们那时如何如何、一代不如一代、我七十九岁了，活够了。这就说明她在乡土社会里开始进入了老年阶层。《长明灯》中的郭老娃也算是吉光屯里的一位长老。可这样的长老，他的威信只有在很小的范围内才起作用，像九斤老太的威信就走不出她的家门，更可怜的是在家里都不起作用。郭老娃虽然在屯里十分受尊敬，但他建议用四爷空闲的房间或疯子自己的房间关疯子，四爷自私自利地轻易回绝了。所以要真正在乡土社会里做一个有权威的长老，单是年长和有经验还不够，他们必须要有经济地位、权利和文化垄断等因素的综合，才真正够格当长老和有相应的权威。《风波》中的赵七爷之所以受人们恭敬信服，不是因为他老而有经验，而是因为他开茂源酒店，而且是这个乡村方圆几十里内少有的出色人物兼学问家，既有经济地位又有文化垄断地位。《离婚》中的七大人名威乡里，主要是因为他有钱，从他手里玩屁塞的情景可看出：和知县大人换过帖，有权；有学问，从爱姑嘴里经常叫七大人是知书识礼之人可以看出；《阿Q正传》中的赵太爷的权威也和他的经济地位、他的知识垄断地位息息相关。

二、迷信古书古戏，满足麻痹于道听途说

《风波》里的乡村闭塞落后，生活在那里的人们基本上没有感受到外界的新鲜气息，更别说能获取什么真实可靠的知识信息了，而人们求知若渴的心只有通过道听途说和迷信古书古戏满足。乡村没有文字，这一半或许正如费孝通说的那样，乡村社会是人与人之间非常熟悉的社会，而且乡土社会安土重迁、四季轮替，也没有多少新的知识需要通过文字学习。这一般说来大概也是对的。但是，也有与之相反的情况，兴许那些生活在乡村的人们因为乡村封闭很少接触文字，反而对外界文字、知识信息有强烈甚至病态的崇敬和好奇心。《风波》中的七斤经常从镇上带一些"新闻"故事回家给村里人讲，成为村里稀有的出场人物；赵七爷因为是十里八乡的杰出人物兼学问家，且手里有金圣叹批判的《三国志》为人所敬。然而可笑的是这些乡土人所谓的知识、学问和信息等大多是通过道听途说和从三分真实、七分虚构的演义小说和戏曲中得来的，经不起推敲，很难说有什么真正价值。如七斤的所谓知识就是从咸亨酒店等场所听出来的，雷公劈死蜈蚣精、闺女生夜叉之类的"新闻"，皇帝要辫子的信息，也没什么确切依据，也是听咸亨酒店里的人说的。九斤老太一些陈芝麻烂谷子的知识，什么从前的长毛是整匹红缎子裹头一直拖到脚跟之类，无非也是道听途说或借自己了解的结合戏曲之类的皮毛东西穿凿附会。七斤嫂得知皇帝坐了龙庭便急于卖弄一下似乎只有自己知道的皇恩大赦的知识，也同样是从道听途说得来的。真能识几个字被乡里捧为学问家的赵七爷的知识也不见得

渊博、高深，他的知识也不过是什么黄忠表字汉升，马超表字孟起之类，还有结合古书瞎编什么如果赵子龙还活着，天下便没如此混乱，胡说什么张大帅是张翼德的后代，让人听了嗤之以鼻，也无非是结合对《三国演义》里的人物形象的一些皮毛理解，进行穿凿附会罢了。

道听途说和演义小说戏曲之类对乡土社会的影响，的确是我们社会文化的一个重要特征。关于道听途说的问题，鲁迅还在他的一些杂文中有涉及。例如在《论照相之类》中写到洋鬼子腌眼睛，用于照相时摄取人的魂又挖人心肝熬成油用以向地下寻宝，又如《谣言世家》中写到的：让旗人念九百九十九或让他们数数，当九为钩的或念六为上声的，便一刀杀掉，因为只有旗人才这么念，就是当时社会上流传极广的道听途说。还有他在《来了》一文中提及的人们纷纷乱逃，城里逃到乡下，乡下逃到城里的可笑现象，也都与道听途说息息相关。道听途说，在中国历史上，是历来有巨大影响的。譬如黄巾军起义，就派人到处散播童谣，什么苍天已死，黄天当立；武则天想当皇帝，就使人在某个地方埋下一个什么玉，然后挖起来，说她是观音菩萨转世等等。这是当时信息科学技术落后，人们接受信息大多是通过道听途说，无法去证实这个信息真假，一些别有用心的人为了达到见不得人的目的钻道听途说的空子进行讹传，使人们相信！历史如此，现代社会受到道听途说的消极影响也不见得比古代社会乐观到哪里去。例如2002年"非典"刚刚在广东泛滥时，全国各地顿时掀起抢购板蓝根、醋和食盐的一场风波，买板蓝根和醋貌似合乎情理，然而真不知道民众购买大量的食盐做什么用。2011年日本海啸地震引起核爆炸在我国国内各地引起抢购食盐风波，然而事实是根据大气环流和洋流运动方向，它只能随洋流漂往美国和加拿大方向。这些无谓的恐慌实在找不出一个适当的理由解释，只能说我们很多人还沉迷于道听途说的世界。

三、冷漠势利关系派生人间感情冷暖

《风波》表现乡土社会生活文化的第三个重要因素就是一种冷漠势利关

系及其派生人间感情冷暖。从《风波》中我们可以体会到浓厚的势利关系及其派生出来的人与人之间感情冷暖，关于像《风波》里的这种社会关系格局，费孝通在《乡土社会》中的"差序格局"这一章把这一格局比作把一颗小石头掷进水中产生的一圈圈波纹，把个人比作波纹的中心，波纹扩散到的就产生关系，离中心越近的关系越亲密。一般而言，在血缘上或是地缘上离自己越近就越亲密。可是，像《风波》里这样的乡土人们在确定自己与别人的亲密度时从没有完全按照血缘上或是地缘上与自己的距离远近行事，实际上与人的经济地位和权力、学识等息息相关。从地域来看，在《风波》中，七斤与八一嫂和其他同村的人的关系应该远胜于与赵七爷的关系，但是，他一到人们吃饭的土场上，人们都站起来请他用饭，这就是因为他有钱有势又有学问，他在村里人心目中的地位总比七斤高，都站起来讨个近乎。七斤仗着他祖父到他的三代都不捏过锄头柄又常进鲁镇非常了解一些"时事"成为村里的出场人物；同时七斤嫂也沾了七斤的光，与八一嫂吵架时毫不顾忌大喝骂八一嫂偷汉的小寡妇，八一嫂确是寡妇，但并没有偷汉，只是骂街式的恶言攻击。从七斤嫂毫不留情地骂八一嫂，八一嫂唯有委屈反抗一句：七斤嫂，你恨棒打人。从赵七爷瞎编什么张大帅是张翼德的后代，抢进几步向一个完全没有抵抗力的八一嫂示威，八一嫂吓得抱着孩子直发抖的情形可以看出八一嫂在村里人当中的地位是最低的，不是因为她与村里人的关系差，而是因为是个弱小的寡妇，孤儿寡母没钱没势也没力。从这里，我们可以看出表面上温情脉脉的乡村却充斥着一股冷漠的势利关系。这种实际存在的社会等级关系、势利关系长期扎根在乡土人们的思想意识当中，与此相应滋生出来的是人间感情冷漠。村里传来了皇帝坐了龙庭的消息引起了一场辫子风波，按照清朝惯例，没辫子便要杀头，七斤早剪了辫子而将难逃杀头大难，此时的七斤嫂不为丈夫想办法也罢了，还骂七斤为活死尸囚徒；村里围观的人们听了七爷描述张翼德的口气，都觉得没有谁能抵得住张翼德，确定七斤压根儿要丢性命，也觉得从前讲"新闻"时真不该那样傲慢，更加觉得有些畅快。村民们的冷漠，当然是传统观念在作怪，即谁犯了王法谁该死。但另一方面，则是这种模糊的等级观念的必然结果。七斤本人以前在别人面前讲从城里带来的"新闻"时神气十足，因已经确是出场人物觉得高人一等，然而他现在霉运临头了，从同村人的立场看，应有的报应该来了，理所当然，该为他那高人一等的傲慢模样付出代价，心里正是滋味！村人们的冷漠和幸灾乐祸可以说是一种对于过去所受的不平等的报复，一种被动性的报复，它是一种冷漠、卑劣、怯懦的心理。

四、吵嚷嬉闹中充满无聊无爱

在《风波》描写的生活场景中涌动着一种浓浓的民俗色彩，例如七斤一家、九斤老太的唠叨、骂六斤吃豆、婆媳斗嘴、七斤嫂骂七斤骂街式的语言，祖祖辈辈、上上下下用刚生下来的重量命名，傍晚时分土场上人们吃饭的情景、小孩的玩耍、男人的闲谈、人们对待寡妇态度等。不过我们在这里并不注重这些生活画面呈现出来的民俗色彩和艺术兴味，而是埋藏在其中的乡土人们生活的实质。在《风波》中，虽然乡村僻静，生活闭塞，但常常充满吵嚷和嬉闹。《风波》始终沉浸在吵嚷与嬉闹中。一开篇便是九斤老太骂六斤吃豆子，六斤骂九斤老不死，然后七斤不满九斤老太说六斤生出来比曾祖少三斤，比七斤少一斤不满而又一阵斗嘴；然后七斤从镇上撑船回来太晚被七斤嫂骂；七斤从镇上带来皇帝要辫子的"新闻"，又被七斤嫂痛骂和埋怨一阵子。在这一家子吵嚷一阵后，赵七爷就从独木桥走上来了，土场上的人们都纷纷站起来请赵七爷吃饭，又引起了一片吵嚷和嬉闹：赵七爷唯恐天下不乱，九斤老太的穿插唠叨又埋怨，七斤嫂倾诉苦楚，七斤嫂和八一嫂的激烈争吵，六斤的打破碗，接着七斤扇耳光骂娘，七斤嫂骂八一嫂偷汉的小寡妇，赵七爷冲八一嫂发怒，围观的村里人嗡嗡乱嚷一阵之后走散回家，关门去睡觉，土场上恢复平静，唯一剩下七斤惦记着破碗、想着辫子、担忧着丈八蛇矛。一天的吵嚷和嬉闹就算结束了。这些生活画面除了一种浓浓的乡土生活气息和民俗气息，在对乡土生活本质的说明上有什么意义？这就是在表面温馨的讲究伦常、礼仪的家庭关系和邻里关系中，实际上是缺乏爱与了解的；这就是单调、闭塞的乡土社会里，人们其实感到极度沉闷和无聊。于是在这种无爱和无聊的实际生活中，自然地利用唠叨吵嚷和无意义的嬉闹填塞生活的空虚和空隙。这大概就是《风波》中这富于生活气息和民俗气息的生活画面的本质意义。

综上所述，《风波》表现老中国乡土社会生活文化特征这一深层主题，即通过张勋复辟引起浙江一个小乡村群众一场的辫子风波，反映人民群众的愚昧落后，同时说明辛亥革命远没有发动群众，直指出旧民主主义革命的局限性。当然并不能说表层主题就完全没有体现，因为表层主题建立在深层主题的基础上，我们说广大农民愚昧落后，也是因为乡土式的乡村封闭滞后，只感受到四季轮回，而没有感受到外面时代发展前进的气息，接近原生态的乡土社会生活文化生态仍未及触动。他们无法接触科学等社会前进的新事物，所以唯有盲目尊崇传统，迷信权威；获得的所谓知识只能通过道听途说和从古书古戏中获取；势利关系严重，感情冷漠，世态炎凉；思想滞后守旧、卑琐陋劣地生活。

‖作品来源‖

发表于《语文学刊》2014年第20期。

叙事的张力——鲁迅《故乡》的文本解读

李 惠 施 军

导 读

鲁迅每一篇新作的问世，几乎都伴随着对既有的艺术规范的突破和新的艺术表现形式的独特创造。其中，《故乡》发表于 1921 年 5 月的《新青年》，它是最能体现鲁迅乡土意识的作品。自其诞生以来，其丰富的主题意蕴便引起众多评论者浓厚的探究兴趣。本文试图从叙事的角度，对其体现出来的隽永的文学魅力进行细致分析。

在 20 世纪的中国乃至世界文学史上，鲁迅的小说几乎篇篇都是经典，可谓是一个奇迹。它们以"表现的深切、格式的特别"震惊了当时的文坛，也给后人留下了一笔取之不竭的文学财富。鲁迅每一篇新作的问世，几乎都伴随着对既有的艺术规范的突破和新的艺术表现形式的独特创造。其中，《故乡》发表于 1921 年 5 月的《新青年》，它是最能体现鲁迅乡土意识的作品。自其诞生以来，其丰富的主题意蕴便引起众多评论者浓厚的探究兴趣。本文试图从叙事的角度，对其体现出来的隽永的文学魅力进行细致分析。

一

和周作人的泛家乡观不同的是，鲁迅在精神上只承认一个故乡。这个故乡，既是《社戏》中那个飘荡着"宛转、悠扬"的笛声和"豆麦蕴藻之香"的"平桥村"，又是《风波》中那个静谧、安详却是死水一潭的"鲁镇"，还是《阿Q正传》中那个食古不化的"未庄"。然而，无论平桥村、鲁镇，还是未庄，都可认为是浙东绍兴一带，也就是鲁迅童年时代生活过的地方。我们发现，故乡，几乎成了鲁迅创作的一个重要源泉，是触发其创作灵感的地方，例如它最初创作的《狂人日记》《孔乙己》和《药》等，就是他二次返乡，看到辛亥革命表面成功而实质上并没有任何改变而导致自己的乡土之情衍变成悲哀的同情之心的结果。在鲁迅的这类写"故乡"题材的作品中，"归来—离去"是最常用的一种叙事模式，也是为众多研究者所津津乐道的。无论是《故乡》《在酒楼上》，还是《孤独者》《祝福》均采用这一模式。

1898 年，鲁迅离开他生活了 17 年的故乡，远赴南京求学。1902 年，鲁迅再考取官费到日本留学，至此，他离"故乡"越来越远，正如《呐喊·自序》中所说"走异路，逃异地，去寻别样的人们"，鲁迅告别"故乡"，告别童年生活的经验，逐渐蜕变为一名现代知识分子。然而都市并未展示给其理想的温床，鲁迅依旧不得不为生活辛苦辗转，而且，那内心深处的孤苦、寂寞和痛苦却日盛一日，终于，又产生"归根""恋土"的情绪，做起怀乡的梦来。《故乡》正是在这样一种情愫下展开叙述的：

我冒了严寒，回到相隔二千余里，别了二十余年的故乡去。

时候既然是深冬；渐近故乡时，天气又阴晦了，冷风吹进船舱中，呜呜的响，从篷隙向外一望，苍黄的天底下，远近横着几个萧索的荒村，没有一些活气。我的心禁不住悲凉起来了。

阿！这不是我二十年来时时记得的故乡？

从"我"离开故乡距今竟二十余年。这显然与鲁迅个人的经历不符，这凭空虚构的二十余年显然是出于一种叙事策略的考虑。正因为相隔如此之久，"故乡"的形象才越来越完美，逐渐成为一种被记忆提纯、净化了的美好的童年记忆。而现实故乡的萧索、破败，与"我"记忆中那个明丽、纯净、充满人伦温情的故乡更是呈现出一种紧张对立的状态，在"我"心中造成强烈的冲击。二十余年重返故乡，乡情非但没有得到排解，反倒平添出一分新的惆怅。故乡民情的鄙陋浅薄，民性的愚昧守旧，深深刺痛了"我"的内心。当"我"再度离开故乡时，那几乎可说是美好故乡象征的"西瓜地上的银项圈的小英雄的影像，我本来十分清楚，现在却忽地模糊了"。梦幻的、诗意的故乡被现实的、鄙陋的故乡形象掩盖了。

在"归来—离去"的叙事模式中，涵蕴了丰富的、可供阐释的意义空间。这其中，既有身居都市又有着浓重的"怀乡病"的现代知识分子以"启蒙者"的眼光对古老的乡土中国的现代观照，又表现了现代知识分子在"冲决"与"回归"、"剧变"与"稳定"、"躁动"与"安宁"、"创新"与"怀旧"……两极欲求之间的摇摆，"上天无门，入地无路"[①]的生存困惑。同时，对乡土中国的观照又引出了对动荡时局造成的民生凋敝的担忧和愤懑，以及对麻木守旧的国民性的痛心批判；而由生存困惑则派生出了对"希望"与"虚妄"的哲学性思考，以及对未来故乡和未来中国（宏儿与水生可看作是未来中国的象征）的美好希冀。当然，《故乡》的审美意蕴远远不止于此。鲁迅精心设计出来的"归来—离去"的叙事模式就像一把钥匙，为我们打开了一扇通往意义花园的门。

二

在小说创作中，许多作家都有自己偏爱的叙事人称。这当然和个人的习惯和兴趣有关，但更多的是出于叙事技巧的考虑，为达到某种特定的艺术效果而有意为之。有人曾对鲁迅小说的叙述人称做过专门研究，发现在鲁迅的二十五篇现代题材的小说作品中，有十三篇是第一人称叙事。可见，鲁迅对第一人称叙事是有所偏爱的。

《故乡》用"我"来叙述，"我"就是故事中的人物，全文写的是"我"返乡过程中的所见、所闻、所感，采用的是第一人称叙事。那么第一人称叙事有什么好处呢？根据罗钢的《叙事学导论》所说："第一人称叙事与第三人称叙事的实质性区别就在于二者与作品塑造的那个虚构的艺术世界的距离不同。第一人称叙述者就生活在这个艺术世界中，和这个世界中的其他人物一样，他也是这个世界里的一个人物，一个真切的、活生生的人物。

---

① 钱理群：《鲁迅小说全编·序言》，浙江文艺出版社，1997年版，第24页。

而第三人称叙述者尽管也可以自称'我'，却是置身于这个虚构的艺术世界之外的。"①也就是说，第一人称叙事叙述者＝人物，作品中的世界就是叙述者经验的世界，叙述者与故事是零距离。这样大大增强了故事的可信度，能更快地把读者引入作者虚构的艺术世界。

在《故乡》中，"我"就像一个摄像头，故乡的一切破落衰败和人事变迁都是通过"我"眼睛的择取以及心灵的过滤然后进入叙述视野的。法国结构主义批评家热奈特把此种叙事类型名之为"内焦点叙事"。《故乡》中聚焦者是"我"，整篇小说从头至尾，都是以"我"作为视点展开叙述："我"返回二十余年未见的故乡，故乡的现实勾起"我"对童年的回忆，"我"见到了童年时的玩伴"闰土"以及当年的豆腐西施"杨二嫂"，"我"为故乡的衰败凋敝感到哀伤，最后，"我"离开故乡，去异地谋生。

有意思的是，聚焦者"我"其实有两个：一个是多年以后返回故乡的成年的"我"，一个是童年时代天真烂漫的"我"。文中现实的故乡是以成年的"我"的眼光叙述的，而当叙述进行到对童年时代故乡的回忆时，叙述者"我"便化作三十年前那个十多岁的"我"。在《故乡》中，"现在"的故乡与记忆中的"过去"的故乡形成了鲜明的对比。"现在"故乡的萧索、荒凉、了无生气时时激起"我"对鲜活、明丽、温馨的"过去"故乡的回忆，而"过去"的故乡又更加映衬出"现在"故乡的鄙陋、没有活气。这种由现在和过去两个时间向度组成的对比性张力时间结构是一种形式结构，也是一种意义结构，它通过两个叙事焦点的转换来完成。

三

李荣启在《文学语言学》中提到："语言是隔在我们与故事之间的中介物，语言又不具有电影画面与戏剧演出那样的直观性，而是呈现出间接的特点。读者要感受小说中的故事，要先读懂语言，小说的语言感染力就显得尤为重要。唯其如此，小说家如何讲述故事，如何获得文学语言表达的魅力，

---

① 罗钢：《叙事学导论》，云南人民出版社，1999 年版，第 169 页。

便成为小说家艺术追求的目标。因为在优秀的小说中，作家不是在单纯地用语言交代一个故事，而是用一种具体的言语方式创造一个故事。"①诚然，好的语言对小说的成功显得尤为关键。鲁迅小说作品的语言历来是有着独特的风致与韵味。《故乡》的语言有两种色彩，形成了明暗交替的叙事风格。当描述故乡的现状时，作者使用的是灰暗、沉滞、悲凉的语言，给人以压抑、悲哀之感。而当笔触行至童年时代的故乡时，语言变得明亮、活泼、温暖，让人觉得温馨、生趣。我们试作比较，作品一开端，就呈现给我们一个颓败的、死气沉沉的故乡："苍黄的天空下，远近横着几个萧索的荒村，没有一些活气。"而在回忆中，故乡却是"美丽"的，尤其是那幅"月下刺猹图"："深蓝的天空中挂着一轮金黄的圆月，下面是海边的沙地，都种着一望无际的碧绿的西瓜，其间一个十一二岁的少年，项带银圈，手捏一柄钢叉，向一匹猹尽力的刺去，那猹却将身一扭，反从他胯下逃走了。"多么生动的画面！两相对照，我们不禁更加感觉到"故乡""现在"的破败，从而更能体会"我"的那种"故乡再也回不去"的深沉的失落感。

与明暗交替的叙事语言相呼应，小说的叙事节奏也是有张有弛，舒徐有致。在整个回乡的叙述过程中，叙事者并非事无巨细都一一给读者娓娓道来，而是有详有略，重要的人和事，详细交代；无关紧要的人和事，一笔带过。仔细阅读文本，我们发现"我"回乡共待了半个月，在这半个月中，被"我"详细提及的只有三天，一次是回到家的第一天，见到了曾经的"豆腐西施"杨二嫂；一次便是回家四五天以后，闰土出现；还有就是最后离开故乡的时候。其余的都是用"我一面应酬，偷空便收拾些行李，这样的过了三四天"或者"又过了九日"带过。即使在被叙事者详述的这三天当中，作者也并非平均用力，而是有主有次。好比在回家的第一天，母子重逢，感慨良多，本该有许多"话"要说，生活辛酸，故乡人事，以及往后生活的打算，但是对于这些，叙述者只用简单的几句话便交代过去，然后便宕开笔墨去写"我"记忆中的故乡。在这一部分的描述中，叙述者的语调舒缓而又平和，不疾不徐，把读者带入到一个古老的美好而又温情的"故乡"

---

① 李荣启:《文学语言学》，人民出版社，2005年版，第156页。

中去。在这一天,"我"见了许多本家和亲戚,而叙述者只给我们详细叙述了和杨二嫂见面的情景。

　　无疑,杨二嫂和闰土是作者描写的重点,故乡的今昔对比,很大程度上就是通过这两个人物的今昔对比来完成的。对这两个人物的描写,作者既有直接描写,又有间接补充。通过"我"对回家以后和杨二嫂、闰土的第一次碰面情景的叙述,读者对这两个人物"现在"的生活状态、性格以及精神特征已经了然于心,然而作者似乎尚嫌不够,在写"我"最后离开故乡的时候,又通过母亲的一段闲话作为对这两个人物的补充。母亲用闲话家常的语气讲了杨二嫂怎样发现了闰土埋在灰堆里的十多个碗碟,又怎样自以为有功地拿了狗气杀飞跑掉。虽然只是短短的一段话,但杨二嫂这个"飞跑"的形象却永远印在了读者的脑海中。而闰土,更是让读者为之唏嘘、感慨。那么,作者为什么不直接通过叙述者"我"来对这两个细节(闰土偷埋碗、杨二嫂"明"抢狗气杀)进行交代呢?我想,这一方面是为了结构上的便利,另一方面就是为了使整篇小说的叙事不拖沓,更加富有节奏感。

‖作品来源‖

　　发表于《名作欣赏》2009 年第 03 期。

"慢"："峻急"之外的另一种美感——重读鲁迅小说《孔乙己》

王忆天　徐　妍

导　读

　　本文试图以"慢"这一鲁迅研究的新角度切入，重读《孔乙己》的总体美感、叙事美学、叙事节奏，进而重新思考"慢"的叙事美感在鲁迅小说中的文学史意义。

一、"慢"：不该忽视的鲁迅小说美感

　　在中国现代文学史的权威教科书中，鲁迅的小说《狂人日记》因第一篇现代白话小说的地位而受到高度赞誉。如果从文学史的角度来讲，怎样高度评价《狂人日记》的文学史意义都不为过，但如果让鲁迅自己来评价，他则更喜欢《孔乙己》。究其原因，孙伏园说："我曾问鲁迅先生，其中哪一篇最好，他说他最喜欢《孔乙己》，所以译了外国文。我问他的好处，他说能于寥寥数页之中，将社会对于苦人的冷淡，不慌不忙地描写出来，讽刺又不很明显，有大家风度。"[①]一向对自己小说言语谨慎的鲁迅对《孔乙己》可谓破了例。在此，鲁迅所说"不慌不忙""讽刺又不很明显""大家风度"的评语显然不是着眼于《狂人日记》所确立的启蒙主题，而是指向《孔乙己》的叙事艺术。换言之，鲁迅满意《孔乙己》的原因就在于它在叙事艺术上有别于《狂人日记》式的"峻急"，而追求一种"慢"。基于"慢"，《孔乙己》

---

① 曾秋士：《关于鲁迅先生》，见中国社会科学院鲁迅研究室主编《1913—1983 鲁迅研究学术论著资料汇编（一）》，中国文联出版公司，1985 年版，第 43 页。

才产生了感动的力量和鲁迅小说的另一种美感。

那么，如何理解"慢"？"慢"，在小说世界中，首先，意旨小说的叙事节奏；其次，意旨一种叙事美学——通常隶属于古典主义叙事美学；再次，意旨一种叙事结构，即"诗化"结构。当然，"慢"，又超出了小说世界之外，即"慢"的小说的艺术背后隐含着鲁迅自觉、深刻的现代性批判精神。更确切地说，"慢"意旨现代人对现代社会"快"节奏的对抗方式；"慢"，还意旨现代人所渴求的从容的心态和有风度的生命态度。当然，"慢"的丰富的含义是借助《孔乙己》的本文世界来实现的。

二、"慢"：《孔乙己》的总体叙事美学

任何经典小说，都有其独特的、属于它自身的总体叙事美学原则。而这一总体叙事美学原则，总是最先体现在其故事模式和开头的设计上。可以说，小说的故事模式和开头，既会成为读者被吸引的重要构成要素，也能够划分出小说艺术水准的高下之别。一位作家能否在人们熟悉的故事模式中发现新意？小说的开头能否呈现出作者的高妙的叙事智慧？类似这些问题，其实都构成了小说总体叙事美学的内涵所在。沿着这样的思路，重读《孔乙己》的故事模式和开头，别有意义。

《孔乙己》的故事模式并不新鲜。它不过讲述了一位落魄老书生的悲剧命运。要知道：这样的故事模式在吴敬梓的《儒林外史》中早已发生。可见《孔乙己》的经典性意义并不在于它的故事模式，而在于它以思想家的目光抵达了小说艺术的至极之境。如果仅仅局限于它的故事模式，我们就难免不停滞在以往文学史所概括的确定性主题：《孔乙己》是封建科举制度对知识分子的戕害。事实上，《孔乙己》的经典意义早已超越了这一故事模式所提供的这一确定性主题。进一步说，《孔乙己》用 2600 字竟然浓缩了孔乙己一生的悲剧，可谓确立了中国现代小说上极简主义的"慢"的叙事美感的典范。这样，这个似曾相识的故事模式在意蕴上非常复杂。有谁能够深切地体味孔乙己悲剧的原因、孔乙己的性格组成、作者的情感世界呢？小

说通过孔乙己的被毁灭的悲剧，不仅讽刺了被传统科举制度所毒害的一代中国知识分子的性格弱点，而且也批判了整个社会的冷漠和凉薄。不过，鲁迅并没有让悲痛之心、愤激之情浮出于表面，而是在简洁的叙述里从容地逐层展现了小说的多重主题和作者复杂的情感。

我们还需要重读小说《孔乙己》开头的深意。任何经典小说，大凡都会在开头隐含着艺术高妙的端倪。正因如此，当代以色列著名作家阿摩思·奥兹才会潜心研究一些世界经典小说是如何开始讲故事的，并诙谐地比喻道："开始讲一个故事就像在餐馆和一个素昧平生的人调情。"[①]鲁迅深谙小说开头决定小说成败的艺术之道，所以，《孔乙己》的开头就不露声色地设定了"慢"的叙事美感。

小说开头的文字，确如鲁迅所说的"不慌不忙"。作者似乎全然"忘却"了短短篇幅要承担一个人的一生的超负荷重任，实则恰是"大家之气"。

那么，从"慢"到令人着急的开头的文字里，我们看到了什么呢？首先是"鲁镇"。"鲁镇"是鲁迅小说中反复出现的特定的故事背景。它和 S 城一样，是长养鲁迅的故乡，也是鲁迅记忆中的故乡，更是鲁迅据此透视中国乡土农村以及中国农民的窗口。其次是"当街一个曲尺形的大柜台"。它是鲁迅为小说人物活动所设计的场景。它一方面透露出浓郁的乡土民俗，另一方面它还为当时社会的"短衣帮"，即社会底层的农民提供了活动场所。不仅如此，"当街一个曲尺形的大柜台"和"店面隔壁的房子"悄无声息地划分了中国社会的各个阶层。不过，鲁迅并没有像 20 世纪 30 年代的"左翼"写作那样，将农民和权力阶层，即"穿长衫的"形成剑拔弩张的尖锐对立的敌对关系。相反，"短衣帮"自得其乐，即使每碗酒从四文涨到十文，也还是规矩地站在柜外，为了酒、盐煮笋或者茴香豆、荤菜一个一个生活的目标而懂憬、奋斗。至于"穿长衫的"，不仅不是"短衣帮"的仇恨对象——古中国的儿女没有现代人的仇富心理，而且心怀艳羡、由衷仰视。那种"慢慢地喝"的举止，让他们永远可望而不可即。看起来一切都按部

---

① ［以色列］阿摩思·奥兹：《故事开始了》，杨振同译，译林出版社，2011 年版，第 2 页。

就班、风平浪静。不同阶层、身份的人，在柜台的场景里各有自己的位置，一同维护着这个社会的既定秩序。

当《孔乙己》的故事模式和故事开头在"慢"的总体叙事美学中舒缓落定，小说的总体叙事美学原则已然确定。《孔乙己》不似《狂人日记》那样一味地将人物逼上绝境的"峻急"美感，而是适时地延宕人物通向绝境的进程。

三、"慢"：《孔乙己》的情节编排策略

"慢"不仅构成了《孔乙己》的整体叙事美学原则，而且还内化为小说的情节编排策略。所以，继鲁镇酒店的格局布置停当，主人公仍然没有上场。作者只是借助于小伙计的叙述视角"不慌不忙"地讲述酒店的氛围。在一个 2600 字的短篇小说中，这样的情节编排可谓"慢"到了惊险的地步。

终于，孔乙己"慢慢"地出场了。虽然孔乙己的出场被如此延宕，但作者的描写依旧如此耐心。"站着喝酒而穿长衫的唯一的人"，一笔落定，就使得孔乙己在纷乱的人群中凸显出来。它给读者的第一印象就是一个落魄、尴尬的知识分子形象。接着，读者循着"高大"的身影细看，落魄老书生的形象更加清晰了。拖沓的服饰，明摆着没有得到他人的关心；"满口之乎者也"，标志着传统文化在他身上留下的深深印痕，也隐含着他最后的骄傲。可是，连名字的由来都是别人随心所欲地命名，给人一种可笑又酸楚的反讽意味。在此，鲁迅对于孔乙己的出场描写，始终运用简单的文字。但简单文字是最见功力的，这功力在于：它简练准确地表达复杂的意思。也正是在简单的文字描写中，我们看到了鲁迅小说的另一种美感："慢"。我们据此可以看到：鲁迅小说在《狂人日记》似的"峻急"的疾风暴雨中，还有另一种淡定。

不过，鲁迅并非一"慢"到底，而是在舒缓的情节编排中陡然凝定犀利的目光，锁定在孔乙己的"伤痕"，由此洞穿笔下人物复杂的魂灵，真可谓张弛有度、收放自如。于是，孔乙己的"伤痕"成了不断推进小说情节

奔赴发展、高潮的"戏眼"。孔乙己的苦楚成了"看客"的乐趣所在。小说随着情节的发展逐渐剖解了这个人世间的冷漠和麻木，与此同时，也批判了孔乙己的自身悲剧。两条线索看似波澜不惊，实际则渗透了作者的双重批判思想：对"大众"和孔乙己的双重批判。而且，小说中孔乙己和"大众"之间的初次对话看似平实，实则在情节编排上机关重重。"大众"一方步步进逼，孔乙己则步步为营。最后的结果虽然充满了快活的空气，可这"快活"是建立在孔乙己的尊严之上，而落魄知识分子则将尊严看作命根子。其中，"所有喝酒的人""故意的高声喊""涨红了脸，额上的青筋条条绽出"等细节描写，使得"快活的空气"成为含泪的反讽。

然而，小说在情节节奏急促、紧张之时，陡然减缓了悲剧的进程，再度使情节"慢"下来。为了有效地实现"慢"的美感，小说选用插叙的方式延宕了孔乙己的悲剧结局。如果说写孔乙己的一生用了 2600 字，那么他的大半生的历程和密码则浓缩在二百多字里。这真可谓：越是精简的文字，《孔乙己》越是节奏从容。值得注意的是：情节的延宕选用的却是叙述的加速手法。什么是加速？"加速"在小说的世界中可以被理解为作者选取概述、简写等叙事策略使得小说的情节节奏快起来。譬如，博尔赫斯称道："当代小说要花五六百页才能让我们了解一个人物，而且前提是我们预先了解他。但丁只需一个片断。……在但丁的作品中，人物的一生被浓缩在一两个三行诗里，并因此而获得了永生。"①将加速和延宕放置在一起对于小说来说是一种极大的冒险，但鲁迅处理得非常自如。不过，鲁迅并没有因为加速手法而简化人物的性格。寥寥几句，不仅了解了预先素不相识的孔乙己，而且还充分地表现了被封建传统文化戕害的旧式知识分子的诸多弱点。"好吃懒做""从不拖欠"概括了孔乙己的悲剧性格：没有任何生存能力，但仍然保留尊严，这正是导致了孔乙己悲剧的性格原因。

只是，鲁迅在批判孔乙己至深处，充满了复杂的感情。作者围绕孔乙己与小伙计之间的对话描写颇耐人寻味。我们可以从两个层面来理解这段

---

① ［阿根廷］博尔赫斯：《博尔赫斯文集》，王永年等译，海南国际新闻出版中心，1996 年版，第 19 页。

对话。从叙述学的立场，这段对话使得孔乙己从悲剧进程中被暂时解救出来。或者说，在孔乙己无地自容之时，作者让小伙计步入场景，中断了众人对孔乙己的奚落，再度让孔乙己的悲剧进程"慢"下来。可是，孔乙己的知识在现实里百无一用，但他却浑然不知。既不了解社会，也不了解他人，更不了解自己，孔乙己的悲剧结局在劫难逃。

小说最令人感动的是：在性情中人的鲁迅看来，孔乙己再怎么咎由自取，也还是保留了一颗善良的心。为此，鲁迅设计了孔乙己教小伙计识字和给孩子们吃茴香豆的动人情节。对于这一关键情节，鲁迅仍然选取减速的叙述策略。鲁迅笔下几乎没有一个成年人如孔乙己一样保留了孩子般的天真和善良。"着了慌、伸开五指将碟子罩住"等细节描写，传神地表现出孔乙己心太软、天真可爱一面。鲁迅按捺不住情感的倾向性，然而，鲁迅毕竟不会听凭感情支配。孩子的笑声让我们确证这个世界透骨的冷。"孔乙己是这样的使人快活，可是没有他，别人也便这么过。"少年叙述者的旁白是入骨的悲凉之语。

小说的情节发展到这里，孔乙己被毁灭的悲剧因素已经逐层表现出来：社会现实和传统封建文化以及自身的弱点一同导致了孔乙己的精神毁灭，但是，小说没有停止在精神层面，而是经过精神又进入到肉身层面，从而在双重毁灭中完成了孔乙己悲剧的结局。这种处理方式，传达了鲁迅的咄咄逼人的现实主义穿透力。在传统中国知识分子将精神视为至高无上的存在之时，鲁迅偏不相信精神的唯一性。或者，鲁迅认定：如果肉体不遭受毁灭性的摧毁，传统知识分子就会仍然生活在欺与瞒之中。那么，鲁迅选用什么样的叙述方式最终完成孔乙己肉体的毁灭呢？变速叙事。如何理解"变速"叙事？它是在加速与减速叙述的铺垫下对时间的非逻辑的跳跃。譬如，小说接近篇末交代孔乙己被打断腿的这个情节编排中就选取了变速叙事的手法，"有一天"的叙事方式充满了随心所欲的成分，没有时间的确定性和精确性。而且，故事中人物通过道听途说的讲述方式，更加强了情节的跳跃性。但这种方式可以跳跃、便捷地讲述故事情节中的关键性的铺垫成分，使得小说的悲剧结局自然而然。由此变速叙事，孔乙己后面的出场才显得合理。

不仅如此，变速的叙述还调动了读者对结局情节的期待之心。被打折了腿的孔乙己在最后究竟什么时候出现？如何出场？如何退场？这是小说的悬疑之处，也是小说最有难度的地方。鲁迅为此选用了空白叙事。如何理解"空白"？"它是加速的一种极端行为，并且又是小说创作中的一个不可或缺的基本行动。它采用'粗暴'的却是必要的直接切割时段的方式，造成跳空，把速度陡然加快。"①在空白叙事中，孔乙己最后一次出现于咸亨酒店是"中秋过后"的"一天的下半天"。孔乙己"盘着两腿"，在众人的取笑中，"坐着用这手慢慢走去了"。这是一段高难度的写作：时间跨度较长，既要写实人物的被毁灭，又必须保留前面哄笑的氛围。空白叙事和精到的细节描写使得这些难题举重若轻。而举重若轻的艺术震撼力则是经久的，如废名所说："我读完《孔乙己》之后，总有一种阴暗而沉重的感觉，仿佛远远望见一个人，屁股垫着蒲包，两手踏着地，在旷野当中慢慢地走。"

四、结语

作家曹文轩说："对速度的独到理解和独到处理，更是一个衡量小说家在掌握时间方面的水平的尺度。"②鲁迅通过情节的减速、加速、变速和空白的交替使用而从容地讲述了孔乙己一生的悲剧命运，进而确立了鲁迅小说独特的"慢"的叙事美学，也由此探索了另一种中国现代小说的美感——"慢"。

【作品来源】

发表于《名作欣赏》2013 年第 14 期。

---

①② 曹文轩:《小说门》，作家出版社，2003 年版。

"窃书"缘何"不算偷"？
——鲁迅小说《孔乙己》中的"呓语"解读

宋　杰

导　读

　　鲁迅小说中的"呓语"现象既是作家生存体验、生命哲学的一个范畴，也是其文本意义潜性价值的体现方式。压抑场域下的无意识状态在小说文本中作为审美对象的尴尬语境必然使得"呓语"呈现出某种逻辑悖论，它既主动参与对存在的书写，又本能地拒绝自身意义的确定性，成为一种意义缺失的存在体验与象征符码。本文通过对《孔乙己》中"呓语"的个案分析，将作为审美对象的"呓语"及其背后隐含着的话语机制呈现出来，并探求其意义。

　　鲁迅小说中的"呓语"现象既是作家生存体验、生命哲学的一个范畴，也是其文本意义潜性价值的体现方式。作为文学家的鲁迅通过符合生活真实的小说情节，来传递一种普泛性的启蒙思想，这一点已然为众人所接受；但他同时又在刻意编织一种艺术化的叙述悖论，来传达自己的生存体验与生命伦理，这一点恰是通过"叙述的裂缝"来完成的，却常被人忽略。鲁迅告诫后人，读书要"在字缝里读出字来"，这既是一种机智的阅读手段，更是一种深厚的阅读功底。所以，中学教师在阅读文本的过程中，需要有更加深刻的阅读发现，并以一种"过度阐释"的观念，带领学生完成鲁迅小说阅读的精神旅程，以便更大可能地进入历史现场，以意逆志，以文读人，知人论世。

一

鲁迅小说《孔乙己》中，最令学生感觉疑惑的情节是，孔乙己为自己偷书而辩解的话——"窃书不能算偷……读书人的事，能算偷么？"这句话，历来被不少老师和学生认定为鲁迅对丑陋的中国人"哀其不幸，怒其不争"的佐证，也是历来批判孔乙己迂腐落魄、思想顽劣的罪证。但问题是，具有一定学识并且谙熟旧道德、旧伦理的孔乙己，为何在最受人嘲弄的时候选择这样一种丝毫不具说服力的方式为自己开脱呢？

其实，这句话不是孔乙己有意用来反驳他人攻击的言语武器，而是在一种巨大的压抑性场域下，无可奈何的无意识表述。这种表述，就是"呓语"，其背后指向的不是反驳本身，而是逻辑混乱的反驳过程本身所具有的对抗姿态。鲁迅先生惯于使用"悖论"式的艺术手法，来传递文本中某种灰色的隐喻，完成小说的多元主题。也就是说，在鲁迅笔下，表面的批判本质上可能是深层的赞美，表面的嘲讽本质上也可能是深刻的同情。

早在 1919 年，鲁迅就有意识地提醒读者，他写作《孔乙己》的目的不是批判，而是观照。他曾在发表于 1919 年 4 月《新青年》第 6 卷第 4 号的小说《孔乙己》文后，附上专门的附记："这一篇很拙的小说，还是去年冬天做成的。那时的意思，单在描写社会上的或一种生活，请读者看看，并没有别的深意。"在《孔乙己》中，作者借咸亨酒店小伙计的眼睛描述了一个穷困潦倒却称君子固穷的落魄文人，虽然有对科举制等封建思想对读书人毒害的批判，但更多的则是指向整个鲁镇麻木的民众。在鲁迅笔下，"鲁镇"就是整个中国的缩影，对鲁镇压抑场域下孔乙己生存状况的打量与反思，本质上是鲁迅思想中"个人"与"群体"对抗关系的又一次论证。他试图通过孔乙己在压抑场域中的表现，来折射一种非正常的社会伦理中人的变异与凶残，其主题依然与《狂人日记》《祝福》《药》等小说一样，是"吃人"！在习惯意义上的道德吃人，礼教吃人等表层的主题下，鲁迅还暗藏了一个显而易见的主题"人吃人"，即"群体吃人"。

二

要探求《孔乙己》中"群体吃人"的主题，就必须破解鲁迅文章的语言符码。在这篇文章中，鲁迅使用的依旧是一种无意识的语言符号——呓语。作为一种表意的文字，呓语的所指与能指并不能建立对应的指代关系，而值得注意的是，这种"颇具意义的形式"本身就可以塑造人物、传递思想、表达感情、升华主题。

弗洛伊德认为舌误的生成机制有两种："在第一组的'舌误'中，一个意向完全排斥了其他意向，说话者完全把自己所要说的话说反了，在第二组中，一个意向仅只歪曲或更改了其他意向，因此就造成一种有意义的或无意义的混合的字形。"[1]过失状态下的舌误正是我们所谓的"呓语"，二者的意义指向是相同的，只不过呓语大多以后一种形式出现，完全排斥言说本意的呓语多出现在个体的自我言说中，也即其存在方式回避了直接交流的需要，个体的意识并未得到具体话语场景的约束，他可以不必顾及交流的对方，只注重自我的意识作用。而产生意向歪曲或变形的呓语则多出现在具体的话语场景中，交流是其直接目的，但由于交流过程中主体意识感受到了巨大的压抑或预料到了这种压抑感的必然来临，而生出一种无意识的自我保护意向，这一意向因为受到交流语境的约束而不得不以相关的内容表现出来，但其作用却是为了阻止交流的继续进行。所以，这类意向多为经无意识包装过的话语形式，它在主体意识中以维持交流的作用出现，实质上却阻碍了交流的继续——这正是呓语参与言说的真正目的，也即其自我保护作用。呓语以潜意识包装变形的方式出现在具体话语场中，必然产生意义的完全或部分消失。也就是说，在特定的言语交流状态中，以过失形式出现的舌误，本质上就是一种呓语，在言说主体的无意识中，它具有自我保护的意义，但在现实的言说语境中，它因意向的变更而失去了话语的现实意义。

---

① 弗洛伊德:《精神分析引论》，高觉敷译，商务印书馆，1984 年版，第 25 页。

三

鲁迅在小说文本中对孔乙己形象的塑造借助呓语得到升华。同狂人与祥林嫂一样，我们首先对孔乙己的身份进行描述，正是因为身份的特殊，他才能体验到这种来自于现实场域中巨大的压抑感，而这种压抑的体验正是无意识呓语生成的根本原因，同样呓语产生的价值与作用就在隔离这种压抑，达到自我保护的目的。

> ……孔乙己原来也读过书，但终于没有进学，又不会营生；于是愈过愈穷，弄到将要讨饭了。幸而写得一笔好字，便替人家钞钞书，换一碗饭吃。可惜他又有一样坏脾气，便是好喝懒做。坐不到几天，便连人和书籍纸张笔砚，一齐失踪。如是几次，叫他钞书的人也没有了。孔乙己没有法，便免不了偶然做些偷窃的事。……①

这是鲁迅交代的孔乙己的身世经历与基本生存状况，也是带给他压抑体验的根本原因。孔乙己"原来也读过书"的经历让他形成一种传统知识分子"唯有读书高"的自命清高的思想，而"终于没有进学"的现实境况又给他带来了巨大的失意感与生存焦虑，也就是说，思想的清高与身份的卑微形成一对矛盾，只要这对矛盾的一方无法消失或弱化，其压抑体验就是必然的。而其他因素，如"不会营生""好喝懒做"的性格特征也间接地根源于其"读书人"的身份，孔乙己从观念上拒绝接受现实的生存方式（"替人家钞钞书"），而希望以真正的读书人（即"进学"者）的身份来生存。此二者的区别在于一种传统礼教规范下根深蒂固的等级观念及不同等级之间生存方式的差异。孔乙己接受了这套规范，就必然地会在现实生活中依据这一规范来行事，但从世俗的观点来看，孔乙己根本算不上读书人，因为"终于没有进学"，这说明在普通民众看来，孔乙己跟他们应该是同一等级的，甚至是同一等级中的弱者，因为他"愈过愈穷，弄到将要讨饭了"。

照此逻辑，民众对孔乙己的嘲弄并非是对读书人的嘲弄，而是对同一

---

① 鲁迅：《鲁迅全集（第1卷）》，人民文学出版社，2005年版，第458—459页。

等级中弱者的嘲弄，而在孔乙己看来，民众对他的嘲弄是"愚民"对"读书人"的嘲弄——这在中国传统社会里是一种禁忌——他读书人的身份却不能维持应有的尊严，反而成为民众嘲弄的对象。于是孔乙己感受到了巨大的压抑。然而从行为上来看，孔乙己又背离了传统知识分子的道德规范，"君子固穷"是传统读书人终生恪守的道德戒律，而孔乙己却在迫于生计时"免不了偶然做些偷窃的事"，这又是为读书人所不齿的。所以，孔乙己生存的压抑场域正来源于其特殊的身份及自己与民众对这一身份定位的差异。

四

因为言语交流的对象是下层民众，所以孔乙己的呓语多以文言的形式出现。这既是话语意向的歪曲与变更，又是无意识自我保护的意向系统。这些导致交流中断的"之乎者也"既是孔乙己对自我身份的重新确认，也是他对作为等级低下的民众嘲弄读书人这一颠倒伦理秩序行为的有力驳斥。当孔乙己来到咸亨酒店，对柜里说"温两碗酒，要一碟茴香豆"并"排出九文大钱"时，酒客们便开始取笑他了，起源是因为孔乙己这次有钱喝酒，话题是关于他偷书的事。我们可以看出，当民众开始故意嘲弄孔乙己时，他最初的反应是睁大眼睛说："你怎么这样凭空污人清白……"这说明孔乙己起初并没有将民众的嘲弄当作无法抵抗的攻击，只是用自己的读书人气质与品格来对待大家的嘲弄，他辩驳的话完全符合读书人在面临困境时的表现，并没有对攻击者还以更为恶劣的手段，只是希望用自己的身份告诉周围的人，民众说他偷书只是"凭空污人清白"，并显示出自己的态度，豁达而从容。但孔乙己的回应并不能阻挡民众对他的继续嘲弄，而且有人证明亲眼看见他偷书被人吊着打，这时孔乙己感觉到了压抑，他知道自己无法摆脱民众的嘲弄，因为偷书之事实有，但他不能轻易承认自己的恶习，这是作为读书人起码的尊严。于是在这种境况中，他无意识地采取了另一种与民众话语系统完全不同的语言形态来自我保护，文言文成为呓语的语言形态。他现辩解道："窃书不能算偷……窃书！……读书人的事，能算偷么？"接着便是"君子固穷""者乎"之类的文言语汇，从孔乙己的语言内容中来看，显然是违背现实逻辑的，但这并不重要，重要的是他的呓语形式成功地抗拒了这种他已经体验到的压抑感。

因为，这些呓语形态本身未经过多重编码，它只是以一种被现实废弃的语言形态表现出来，产生民众感觉"难懂"的效果，同时阻碍了交流的继续进行，成功地把主体从压抑场域中解救出来。第二次也是如此，民众嘲笑孔乙己"当真认识字"却"连半个秀才也捞不到"时，"孔乙己立刻显出颓唐不安的模样，脸上笼上了一层灰色，嘴里说些话；这回可是全是之乎者也之类，一些不懂了"。[①]我们不难发现，孔乙己在突然面临巨大的压抑时，他的自救意识是清醒的，但却无法找到合适的理由为自己开脱，他也不曾意识到"嘴里说些话"竟全是民众根本听不懂的文言文。孔乙己的意识深处隐藏着文言这一种已经被现实淘汰的语言形态，他只有在这种语言之中才能找到所有成立与不成立的理由抗拒民众的嘲弄。虽然在民众看来，孔乙己嘴里说出的文言使他变得更加好笑，"引得众人都哄笑了起来"，但事实上使用这种并不承载现实语言意义的文言形态的呓语，才是孔乙己真正的人生追求，他拒绝承认自己的弱者地位，拒绝与嘲弄他的民众为伍，但却苦于找不到将自己和他们得以区分的标准，只有使用文言的能力是孔乙己独有而民众没有的，因此即便孔乙己平日里也不用文言作为交流的工具，然而一旦遇见危机，他就会本能地拿出文言作为武器保护自己。

五

"孔乙己越是被紧逼穷追就越是失去口语，代之以文言。他正是在文言文构建的他的观念世界里才是自由的。而他的观念世界恰恰完全堵死了参与现实中与民众共有的日常世界的道路。对于民众来讲，孔乙己只有科举合格了才是具有权威性的存在，他头脑里储存着的知识本身什么权威也没

---

① 鲁迅:《鲁迅全集（第 1 卷）》，人民文学出版社，2005 年版，第 458—459 页。

有。孔乙己没有管制与经济地位，只是作为一个一文不名的读书人，置身于民众面前，这样，他的头脑中确实储存的知识的权威性就受到了质疑。"①这种经过无意识包装的文言形态并不需要在现实中表达意义，它只是一种带有寓意的象征体，在民众看来，它象征着孔乙己的迂腐可笑；在孔乙己自己看来，它象征着与众不同的知识者身份。

总之，孔乙己在感到压抑时使用文言自我保护是一种无意识的自救，但自救的手段正显示出他意识深处对文言形态作为其身份认定标准的认可与追求。孔乙己的尴尬之处在于他所期待的身份界定标准与世俗的评价并不吻合，由于自己身份的特殊性，孔乙己承受着巨大的心理压力，他被动地从读书人阶级中退却出来，却固执地坚守着自己读书人的身份，不愿意与民众同伍。这就意味着在现实中，孔乙己同狂人、祥林嫂一样都是群体之外的个体求生者，他们站立在群体的对立面，得不到认可。而他的呓语则是自我群体性归属的某种无意识表态。这种无意识的表态，恰折射出其对立面强大的吃人者——麻木的下层民众。与祥林嫂一样，真正吃掉他们的不是别人，正是他们的可怜而卑劣的同类。这不但是启蒙者被吃的根本原因，也是中国"沙聚之邦"难以转为"人国"的真正原因，更是鲁迅"立人"思想的逻辑起点。

‖**作品来源**‖

发表于《名作欣赏》2015年第05期。

---

① 丸尾常喜：《"人"与"鬼"的纠葛：鲁迅小说论析》，秦弓译，人民文学出版社，2006年版，第62页。

《狂人日记》：文学和思想——《呐喊》重读之一

周仁政

导 读

　　《狂人日记》是《呐喊》的首篇，开启了中国现代小说的历史纪元。《狂人日记》是鲁迅思想和小说创作的总纲，是《呐喊》的灵魂。对《狂人日记》的理解和解析是中国现代文学史研究的基础。本文从《狂人日记》一篇的语言、文本，自我感知和理性，思想、形象与象征，结构化等方面做了一一阐述，以期对《狂人日记》有一个新角度的解读。

　　《狂人日记》是《呐喊》的首篇，开启了中国现代小说的历史纪元。《狂人日记》是鲁迅思想和小说创作的总纲，是《呐喊》的灵魂。对《狂人日记》的理解和解析是中国现代文学史研究的基础。

一、语言、文本和结构

　　语言和文本是小说的载体。文学革命奠定了现代文学表达方式的基础：通俗性（平民化）与白话化。就文学秩序变革及其发展规律而言，适应这一要求的中国现代文学必以小说为重，传统文学中诗歌的独尊地位为小说所取代。如果说胡适的《尝试集》及其初期白话诗是对于传统诗歌的诗性特质及其文学性的消解——"去诗化"，那么，鲁迅的《呐喊》及其白话小说则是对传统白话文学艺术价值（文学性）的提升与强化（"诗化"）。

　　因此，除了白话化，鲁迅的小说并不具有真正意义上的通俗性。在文学革命中，实则通俗性是一种文化诉求而不是文学诉求。也因此，胡适的《尝试集》是文化意义上的革命性呈现而非文学意义上的高格。就像朱湘评《尝试集》所说：《尝试集》是"平庸"的——"胡君的诗没有一首不是平庸的"，为其"平庸的思想"，"胡君居然以诗的经验主义相号召""简直是提倡诗的玩耍主义了"。①就诗而言，从胡适到徐志摩、朱湘——从初期白话诗到新月派，不言而喻的变化是从文学革命进而为文学的创造了。实则胡适也提倡过"国语的文学，文学的国语"——仅仅是白话并不足以成就现代中国文学，因此自觉于新文学"提倡有心，创作无力"。好在他不畏批评，也无意恋栈，放弃文学回归学术，适得其所。

从胡适的角度讲，放弃文学犹如释放了文学这只笼中鸟——自由主义者把文学和政治割裂开来，自行其是，无论启蒙与革命，都不使其与文学捆绑，顺其自然，反倒精神上得心应手——从新月派到京派，文学上的"高峰呈现"显然都是脱离了"胡适影响"的结果，而事实上，胡适的影响却无处不在。

回到鲁迅，《呐喊》是中国现代文学史上的高格，在于鲁迅操持的文学工具与胡适截然不同——小说由"下里巴人"进化为"阳春白雪"，正如"阳春白雪"的诗歌蜕变为"下里巴人"的白话，走的是相反的路。从这个意义上说，胡适是革命者，鲁迅是创造者。革命是破坏性的，创造是建设性的，二者的着眼点并不相同，呈现于历史的状貌迥然有别。如果说在诗的方面，胡适是以白话化呈现出高度的通俗性，犹如朱湘的批评，简直达到了庸俗的地步，那么，鲁迅小说白话化的背后是高度的个人化——诗化，简直变成了晦涩。

所以，除了白话化，鲁迅的小说与胡适关于文学革命的主张和实践并不相同——他并非为了普及教育或者实现言文一致的自由表达而对文学做种种社会性设计。从表现上看，鲁迅与文学革命的耦合性在于仿佛一种被怦然激发的自我表达的内在欲求。在《呐喊》自序中，鲁迅述说过钱玄同与《新青年》对他写作的促进作用，因缘际会成为一种历史的巧合。置之《新

① 朱湘：《评〈尝试集〉》，《中国现代经典文库·江行的晨暮》，内蒙古人民出版社，1998 年版，第 156 — 157 页。

青年》和新文化运动看，鲁迅和众多《新青年》作者一样，只是一个表达者而非引导者。在《新青年》上，鲁迅要完成的是一种刻骨铭心的自我表达，这与胡适创作白话诗的动机并不一样——从个人角度看，绝非无关痛痒、小打小闹的语言试验。从"弃医从文"到《狂人日记》发表，鲁迅沉潜十余载，"铁屋子"的迷思已深入骨髓，无论如何要发出一声呐喊，要完成一个姿态。简单来看，即是如此。

鲁迅的表达确乎一声绝望的"呐喊"，这是我们认识和分析《狂人日记》文本和语言特征的关键。如果说《新青年》上，胡适主导的文学革命和陈独秀主导的"伦理的革命"是两个基本的议程，则鲁迅的小说与陈独秀的主张更多暗合性而与胡适的主张更多差异性。在"改造国民性"的问题上，鲁迅的立意是启蒙性的精神本体论，其对传统与现实的态度更近于陈独秀的"伦理的革命"而迥异于胡适的文学革命。在文学上，鲁迅并非专注于胡适所要求的文学平民化或通俗性问题，即文化的普及和教育问题，对白话的运用也只是一种表达的意趣。所以，其虽选择小说作为"呐喊"的载体，但并非顾及于其通俗易懂的形式，以为文学革命张目。很明显，作为小说文本，《狂人日记》的外在形式是文言型的而非白话化的——它由文言"小识"统领全篇，白话（日记）部分只是附加的"材料"。也就是说，作为小说——故事，它的全部内容是由"小识"带动的，并由其达成阅读和理解的基础。

仅"小识"言，《狂人日记》与传统小说（笔记体）的叙事形式一样：语言具描述性，叙述具故事化，结构是"大团圆"。呈现于人的是一个偶然发生，富有传奇性的"奇闻异事"。像《聊斋志异》中的鬼故事一样，引人惊悚之余犹可获得"果报"式慰藉。问题是，作为小说，"小识"的叙事缺乏细节，产生不了引人入胜的效果。尽管在文言中，简化是最通常的技巧，但主要作为历史叙事或个人化叙事而存在，不是通俗叙事和大众化表达的工具。过去对《狂人日记》的解析，一般对"小识"采取忽略的态度，但同时也忽略了其真正的文本特性——文言化的简略叙事。《狂人日记》以文言化的简略叙事切入文本，对鲁迅而言所呈现的正是一种得心应手的叙事习惯，展现出一种传统化的文本面貌——这或许在鲁迅那里是不自觉的，因而在后来的陈述中，所强调的总是西方文学的影响，使人误以为西方化或现代小说技巧才是《狂人日记》的文本特性，这是不符合实际的。

在文言型的叙事框架下，除了简略化，历史化也是《狂人日记》的重要叙事特征。在中国历史上，知识分子的社会感知往往依循历史的逻辑，鲁迅亦然。从写过《怀旧》到创作《狂人日记》，鲁迅的历史感知已逐渐冲决文化道德理性的约束上升到激越的感性活动与表达层面。他把小说历史化的同时也把历史小说化了——前者在于文言型叙事的简略化，后者在于白话化表达的荒诞性。在传统文学中，小说既是历史的通俗化（白话小说），也是历史叙事的主观性或个人化的表达（寓言笔记体小说）。在文史通融的叙事和文化格局下，小说所负载的使命是面向大众的道德教化和知识分子诗史互证或"以诗证史"的历史认知及经验表达。从小说的角度看，历史是与某些荒诞的神话传说和鬼神故事等融为一体的。当然，这在历史叙事中也不罕见，但毕竟历史以求真为务，荒诞离奇的神话传说等只能有节制地吸纳和融合。

《狂人日记》所呈现的文本特征其实是这样：从结构上看，（文言、白话）叙事的两重性首先是主体结构的文言化和白话叙事的从属性——甚至可以说，小说本身是文言的，白话部分只是材料和细节性补充，主体叙事虽是传奇性的"逸闻异事"，但不似历史上多是"鬼的人化"而是"人的鬼化"（狂），因而其荒诞性呈现为一种高度自我化的灵魂剖白和自我索解。实则文言型叙事的简略化包含着历史化叙事的独特会心，在鲁迅那里，"狂人日记"的荒诞性其实已和历史上小说倾心于神话鬼怪传奇的叙事技巧融为一体。鲁迅意在用小说来表达自己对历史的感知，同时也是一种最高意义上的自我剖白。他使荒诞化的叙事披上通俗化的外衣（白话），同时，历史叙事的简略化赋予这种荒诞性以传奇和怪诞的色彩，以拉开叙述者与受众的距离，把真正的个人化表达掩饰起来了。

二、自我、感知和理性

《狂人日记》的叙事色彩无疑是荒诞性。这与"象征主义"等虽不无关系，但不是最直接的关系。由上所述，《狂人日记》的文本特征实则是主体的文言与属体的白话，文言叙事部分具有历史化的理性判断和理知色彩，使小说在主体框架上并非是怪诞性的。如果说理性是一种"知"，鲁迅是以"知"的形式来表达"感"。感知是文学，理知就是历史。前者波澜壮阔，后者则波澜不惊。不是只从"感"的意义上来理解鲁迅对历史的判断，便可明了"日记"的表达方式是纯然文学化的。这纯然文学化的表达实则是历史之"知"与自我之"感"的合体。所以，在《狂人日记》中，鲁迅借助于文学所表达的实则并非仅仅历史之"感"，更重要的还是自我之"感"。从传统上看，正因为自我不能进入历史，所以不能从本质上为历史叙事和文学叙事所兼容。而在文化上，自我的异质性也不容于理性（道德），亦不能在"知"的意义上被揭示，而只能由"感"而发。在此，鲁迅通过《狂人日记》所完成的文学革命是自我意识的革命，是"感"对"知"的革命，是"理"的革命，即以自我的感知对抗道德理知的革命。

在感知的意义上，荒诞化的"日记"不仅是一种文学手法，也是一种文化策略，即所谓"整体否定"。在自我之"感"中，历史之"知"被荒诞化，"感"似乎取代了一切：历史之知、道德之理、自我之真。在无知、勿理、非真中，文学表达陷入了非结构性的重构。这种重构实则便是"去文本化"——白话的、非逻辑的、非理知的表达呈现出一种极端的否定姿态，但都限制在文言型的历史叙事的外壳之中，本质上并非"失理性"的，所以也并没有破坏文本整体上的明晰结构和知性化的叙事风格——在这个意义上，我们必须把"日记"本身看成一种被包裹抑或被保护的状态，其实这是很明显的。

被包裹或被保护的"日记"就是一种历史，因为它是在历史叙事的明晰框架中呈现的。但这种历史是"感"的历史，并非"知"的历史。如果说从传统和文化上看，"知"的历史是一部明确的、正面呈现在每个人面前的整体性存在，而"感"的历史则是另类型、自我化和碎片式的。因为它来自个体，来自真实历史的最隐秘的一角，只有在明晰之外赋予非明晰的寓意才有可能被人重新理解和接纳。而且，其接纳性在呈现方式上并不具有可彰显的理性色彩，即不可用历史化的"知"的形式来呈现，只能以"感"来表达。这不仅造成了它的荒诞性、另类化，更重要的，还必须从叙事上承担非理性主义的责难，甚至以假当真的误读和误解。

确实，这种误读和误解来自历来对《狂人日记》的阅读和阐释：礼教"吃人"，家庭——"家族制度"是"我"的牢狱，等等。早在《新青年》时代，吴虞就以《吃人与礼教》一文坐实《狂人日记》中对"吃人"的描写。实则《狂人日记》中文学化的荒诞叙事一旦脱离文本结构上的理性主义框架——文言化的历史叙事及其逻辑轨迹，就沦为一种感性化、情绪性地理解历史的方式。文学化感知离开了叙述者的策略属性，成为阅读和理解的终极，这正是文学化叙事诉诸大众视听的必然后果。如果一种阅读不足以培埴理性，即不能引发对历史的全面思考或对现实的透彻理解，即与思想史无缘。文学化的思想表达诉诸大众的只有文学，而无思想。这不啻是鲁迅小说阅读史上的症结和悖论。

就表达而言，正如当年李长之对鲁迅的批判，鲁迅是不能被称为一个"思想家"的，"因为他没有一个思想家所应有的清晰以及在理论上建设的能力"。他的"笔是抒情的"，《狂人日记》表现了一个"迫害狂""过分神经质的惊恐""是向封建文化声讨的一个最有力量的檄文"。①其中，非逻辑的、抒情的、"惊恐"（荒诞）和"声讨"等，都是一种感性化的文学文本的标识。然而，如果说鲁迅小说是"思想"的（《狂人日记》等），它必然给人带来理知，在一场激进主义的文化运动中如其只有鼓噪的声威，它便不具有这样的能量——显然不是。《狂人日记》有着完整的理知框架，但阅读者却往往忽略不计，这在于没有思想习惯的读者欣赏的只是"故事"，激发的只是情绪。"思想"的属性在于理知和理性。将《狂人日记》仅仅视为文学，长期的感性化阅读和解析，将其作为一种政治"檄文"来处理，感受的便是一种"痛"或"憎"的情绪，一种"绝望"的否定主义。

① 李长之：《鲁迅批判》，《李长之批评文集》，珠海出版社，1998年版。

固然，思想史的视野是一种理性视野。思想建构任何时候都必然表现为一种逻辑建构。但是，其表达方式既可是论说式的（论文或论著），也可以是文学化的（小说）。胡适在《文学改良刍议》中说，文学之物有二：一情感，二思想。"思想不必皆赖文学而传，而文学以有思想而益贵；思想亦以有文学的价值而益贵也。""思想之在文学，犹脑筋之在人身。"①他在肯定思想的文学性表达的同时强调了文学的思想性，但所列论据都来自中国传统：庄周之文、老杜之诗、稼轩之词等。显然，思想的文学化表达也主要与中国传统有关。如上所述，鲁迅思想的文学化表达正是其传统化思维方式使然。在"文学化"的意义上，中国传统的思想表达往往具有经验化与象征性两重因素。前者是独特的，从属于个体，后者则表现出一定可辨识的普泛性。二者的结合诉诸阅读或领会便是某种特定的意境或意象。意象化不仅是文学或诗的属性，也是中国化的思想表达的独特属性。就中国传统而言，通俗化的东西是不具备思想表达的广度和深度的，它以诉诸视听为目的，主要作用于感性化的大众思维而难于作用于理性化的知识群体。理性本身是一种知性，知性建构在意象化或象征性基础上，必然具有某种模糊性和荒诞化特征。它是一种心理表达，诉诸形象常常是独特的，即象征化，从而成为一种间接表达而非直接表达。这也来自人们对于宇宙精神和历史经验的神秘性的把握。所以，在中国传统文学中，寓言神话之类常常是思想性的，而通俗小说等则不具备多么高妙的思想性特征。这是值得注意的。

在《狂人日记》中，表达的间接性也是鲁迅的一种特殊的思想建构方式。鲁迅思想建构具有特定的范畴，即剔除了原始化的宇宙精神只展现其独特的历史经验。这样的思想并不具有形而上学的性质。因此，纯粹的逻辑建构或理论表达在鲁迅那里是不存在的，他要表达的只是一种痛切的历史经验，这种历史经验在鲁迅的思想中早已化为一系列独特的形象或意象，酝酿并形成了高度自我化的呈现与表达方式。

---

① 胡适：《文学改良刍议》，《胡适学术文集·新文学运动》，中华书局，1993 年版，第 20 页。

三、思想、形象与象征

《狂人日记》的思想,在象征的意义上只是表现了一组相互对立的意象:疯癫与禁锢。福柯借用帕斯卡尔 (Pascal) 的话说过:"人类必然会疯癫到这种地步,即不疯癫也只是另一种形式的疯癫。"[1]这就是文明。文明是历史造就的,疯癫也是历史造就的。禁锢呢?从文化的意义上来说就是用制度和教养生成了一堵无形的墙。这也正是《狂人日记》要表现的基本内容。其实,从根本的意义上讲,自从有了文明,人性就面临着历史性的"异化"。在《呐喊·序言》中,鲁迅那个著名的"铁屋子"的比喻,就是对于禁锢的最贴切的释义,因而也是最高的象征。"铁屋子"无处不在,人性的"异化"就成为文明史和思想史上一个亘古不变的话题。但鲁迅在中国历史上确乎是第一个揭示了这个话题的作家,也是第一个关于该话题的思想家。

但对鲁迅来说,对于这个话题的揭示并不来自任何抽象的理论思考,以及对于人类文明史的系统考察和理解。他只是基于自身的历史经验,有借鉴和针对性地思考自身所面临的历史和现实问题。他的思想的主旨是"国民性批判",对历史而言就是"暴露礼教和家族制度的弊害"。他并没有把这个问题上升到抽象化的哲学高度,达到对于人类文明史的系统理解与解释。这当然也不能算作鲁迅的局限,因为当年鲁迅"弃医从文",他的观察和思考的出发点和目的性就已经被一种高度民族主义的视野所厘定,对于人性和文明的理解,都为"新"与"旧"、"进化"与"退步"这些特定的价值观念所左右。这也正是从洋务运动到戊戌变法、辛亥革命以及五四时期几代中国知识分子的基本价值观。

因此,从思想史上看,一切普泛性和人类性的问题,都被鲁迅视为"中国问题",在中国化的现实和历史框架中寻求解决之道。他(他们)的世界视野是一种理想主义的解决"中国问题"的参照系,西方社会或者新的世界,早已被置放在了"进化"的一端。

---

[1] 〔法〕米歇尔·福柯:《疯癫与文明·前言》,三联出版社,1999 年版,第 1 页。

然而，阅读《狂人日记》仍可以获得一种在思想史上达到巨大突破的欣喜，这大概就是因为它是文学——小说的原因。比较而言，如果今天再读《新青年》上"陈独秀、吴虞们"那些火药味浓烈的批孔反儒的文章，获得的也许是一种粗糙和偏执感，还有学术和思想表达上的不严谨、欠缜密等直观化印象，而阅读《狂人日记》的感受则仍然是严肃和深切的，犹可用自己新的感悟与思考填补它在思想史上的空缺，这也正是鲁迅的高明之处。

回到思想表达的观察中来，我们可以把《狂人日记》上这组对立的意象：疯癫与禁锢，分解成诸多不同的侧面，去考察和理解鲁迅所要表达和尚未表达的东西。首先，我们可以认定小说的形象主体是狂人，即"我"。"我"之有"迫害狂"的病症在于"我"与环境的尖锐对立，以及"我"的自省式地看待历史和现实的眼光。实则这样的立场正是鲁迅自己的。"狂"是一种心理的病症，也是鲁迅对自我的一种表达。可以说，在《狂人日记》中，"狂人"就是自我，对自我的最高表达构成《狂人日记》的精神本体，从而被历史性地置于现代思想和文学史的高端。

以福柯的观点而论，在文明史上，疯癫既是与文明相对抗的文化的本质，又是文明的内核。在文化中，任何自我呈现的方式本质上都是疯癫——在生活中亦如此。但疯癫者从来都不是群体而是个体，个体的疯癫则又有隐性和显形之别：在文明中随波逐流或驯服于制度和道德体系者（包括现代意义上的理性主义者）是隐性的疯癫，否则就是显性的疯癫。在中国历史上，由于道德秩序的禁锢和专制政治的暴戾加强了"规训与惩戒"的力度，隐忍便成为文学和文化的一种特定的呈现方式。显然，《狂人日记》打破了这种文化与文明相谐而生的秩序，把对抗显性化了，个体——"我"第一次以"疯癫"的形象自诩，它既脱胎于这一历史性的对抗，也使这种对抗走向了终极。

就形象而言，"狂"是鲁迅对"我"的命名，它也揭示了这一形象在历史和现实中的处境。就其生成过程而言，自省和觉悟是"我"的回归之路，而癫狂则是自我生成与发现的契机——当癫狂成为一种自我感知，并在历史和现实中赋予了唯一性，"我"便脱颖而出。同时，这似乎又是转瞬即逝的文化和思想的瞬间，故"我"又在难得的高峰体验中退隐了，回归常规和常态——《狂人日记》的"小识"告诉我们，"我"还是"余"——那个狂人兄弟的朋友，"我"在"狂"之后又"赴某地候补"了。但"狂"在我之生命史上作为一种独特的"履历"，和意象中的"吃人"履历一样，则有值得"医家"永久"研究"的价值。

或许从来思想史中的"我"就是一个值得永久研究的话题，他（她）的历史处境正界于"狂"与忍之间，现实中的"我"只是"余"——一个若无其事的旁观者。但正是从旁观者的角度，鲁迅把一切悬置起来了，这才构成了《狂人日记》作为思想表达的完整框架。这种框架式建构正是《狂人日记》的特征。从中国文化史上看，思想从属于文学就在于它从来都是框架式的，它把一切展开，又自我封闭起来。这正是在思想史中，自我永远只是一个研究的话题，离开了"框架"，这话题就会变成脱缰的野马。犹如《狂人日记》中"我"回不到"余"（或不能以"余"来切换），话题就失去了意义。同样，文学化也仅仅是一种表达，必予其寓言式的框架才能达到思想化的理解。中国传统文学从《庄子》到《红楼梦》都有一个如此这般的结构，这是其超越通俗的唯一路径。

在鲁迅那里，《狂人日记》作为历史经验的思想化表达，他发现了什么？——一种基于文化肌理的独特结构——疯癫与禁锢。从正反两个方面，将其关系揭示得异常清晰：当禁锢成为一种历史性的文化品质的时候，疯癫便历史化地隐匿了；在"狂"的自我体验中，禁锢却变得异常清晰，也异常不能容忍。这正是一种文化和自我关系的极端状态。在此，鲁迅呼唤的"文化革命"必然是去禁锢化。只不过，这在鲁迅当时看来仅仅是去礼教化、去家族化，即一种面向历史的叛逆性表达。长期以来，人们对《狂人日记》的理解仅在这个意义上赋予其特定的意义，由此谈论其思想史表达的高度肯定是不够的。显然，在文学的意义上，作为思想家的鲁迅实现了自我超越。就像当初的庄子，把天、人关系隐喻化了，鲁迅则把历史生成的文化的隐性结构隐喻化了：一切文化运动都是"解放"，一切文化关系的根源都是禁锢与反禁锢。"狂"在文化中作为一种自我展示的姿态，当其成为历史的象征和符号的时候，往往预示着一种既定文化秩序的崩溃。

四、结构化与去结构化：现代小说的建构

在理性表达的意义上，结构化是一种思想的框架。无论是宇宙秩序还是历史经验，在思想表达的意义上都可以呈现出某种结构化特征。《易》经的宇宙思维是结构化的，这种结构不仅是想象的秩序，也是实践的逻辑，即宇宙自然与人类社会的相谐关系。在老子和庄子那里，自然秩序和人生经验是两种不同的维度（"天道"与"人道"），二者的关系不是相谐而是相斥（"天之道损有余而补不足；人之道则不然，损不足以奉有余"），但"人道"因"天道"而彰显。老子讲理，庄子重行，因而看到了天人之际更多"不谐"，提出虚无，精神特质上便呈现出疯癫的状态。在《易》经建构的天、人关系中，庄子是叛逆的，因而其哲学观念呈现出否定性，作为文学，便为一种"狂"的表达。两千多年中，中国知识分子生存在一种由《易》经所建构的天、人关系和儒家哲学所规划的道德秩序中，结构化的思想和文化隐匿了庄子式的狂放，使灵、肉长期处于一种分离的状态。

福柯说："灵与肉的统一造成了疯癫"[1]，它来自于激情。"激情一直是肉体和灵魂的聚合点。"[2]庄子之后，鲁迅是第一个在精神上实现了这种"灵肉统一"的人，他的思想及其表达也就不免有着一种显而易见的庄子式的疯癫。在思想方法和表达特征上，其基本的表现便是去结构化。

就思想而言，去结构化的表达主要的不是理性表达而是激情表达。鲁迅借助《狂人日记》表达的思想，在结构化的理性框架中聚集着高度的激情，因而使基于文本的结构化特征失去效应。所以，总体上看，《狂人日记》表达方式上的结构化与非结构化实则是不对称的——文言与白话在表达内涵与效力上不对等。这种不对称或不对等性构成的悖论正是《狂人日记》作为现代小说的特征。一方面，如上所述，从文本结构上看，以文言

---

① ② ［法］米歇尔·福柯：《疯癫与文明》，三联出版社，1999 年版。

包容白话，以及文言化的简略叙事确实是传统寓言笔记体小说的表现特征，但在《狂人日记》中这种表现特征被高度弱化了，不是显性的而是隐性的，从而表明鲁迅的《狂人日记》在表达上完全无意于因循传统。他真正所要的不是结构化而是去结构化。这种去结构化如果抛开了文本框架中的文言叙事成分，便显得异常分明：白话化（破坏文言叙事的雅致）、非逻辑性，随意性的穿插与嵌入，即文本呈现的一切特征都是去结构化的。其实并不需要任何意义上的实证，这种去结构化本身就是对历史的解构，对文化和思想的既定结构的否定。因而从结构到去结构，从理性归于激情，鲁迅的《狂人日记》在思想史上所造就的就不仅仅是一种叛逆的姿态，还有更重要的引领灵魂回归肉体的意义。

从文化史上看，禁锢使肉体产生麻木，灵魂的回归必然带来肉体上剧烈的痛感。麻木者正如鲁迅《呐喊·自序》所指"铁屋子"中昏睡的人们，狂人便成为第一个痛感剧烈的觉醒者，这无疑也正是鲁迅自己。在这个意义上，《狂人日记》不啻是鲁迅一部最隐秘的精神自传。其中对"痛"的揭示正是鲁迅置身"铁屋子"中最真实的历史和人生经验。在揭示痛感的意义上，鲁迅放弃了庄子式的对宇宙秩序的打量，回到人的历史处境中，把空虚游离的灵魂召唤回肉体，喊出了第一声透彻心扉的痛！

所以，从鲁迅开始，现代思想和文学在关注人的精神的同时更把充满痛感的人的肉体从历史中凸现出来，让鲜活的灵魂皈依和体验，由感而知，痛定思痛。在思想中，肉体成为人们思考社会问题的起点；在文学中，肉体成为自我感知的基础。在"痛"中，道德秩序的虚幻性揭示出来了；在激情的感召下，理性不是思想的终点而是其起点。

就文学而言，表达的通俗与否实则不在于语言本身而在于结构。就《狂人日记》而言，文言构成的框架虽不是通俗的（白话）但是易懂的，其结构本身的通俗性不言而喻。白话构成的本体（日记）虽是通俗的但并非易懂。鲁迅的小说尽管用白话创作却并非如胡适所要求的"明白清楚"。这并非鲁迅拒绝了胡适关于新文学的主张，而是鲁迅创造的新文学与胡适所要求者不可同日而语。就表达而言，无论用什么语言，如无结构，何来通俗？传统文学无论文言白话都在一定的结构下生成，其实并无本质上理解的难度。胡适所着眼者无非在表达对象——大众，以及表达的直接和理解的快捷，这与文学本身并不相关。通俗文学的结构是非思想性结构，胡适则钟情于此，在于他对思想的理解也是实用主义的（教化式的）。鲁迅的创作是自我化表达，他的思想是高度经验化的，虽与胡适的表达要求无别但不合其目的性，即不能真正诉诸大众。透过胡适的要求和鲁迅的表达可以看到，文学之通俗与否并非在语言本身，明白晓畅的白话同样可以写出艰涩难懂的小说——字句的明白与否不是文学懂得性的关键。但同时，文学（小说）之懂得性与否依据的亦非"故事"，而是人生和历史的经验。现代小说的去结构化就是去故事化，即淡化了理解的直接性而强化了理解的间接性（经验化），并把阅读的快感引向有肉体感的灵魂之痛。对《狂人日记》的阅读尤其如此。

五、寓言与隐喻：现代小说的自我表达

众所周知，寓言的单义性与隐喻的多义性不仅是两种文学和表达方式的不同，更有文化内涵上的差异：前者是教化社会的产物，后者是现代意义上的自我表达。《狂人日记》从语言、文本到结构，无不是隐喻性的。而最重要的还在于它的自我表达，奠定了现代小说精神谱系的基础。

除了所谓风景的发现、儿童的发现、女性的发现，在中国现代文学中，最首要的还是自我的发现。在传统文学中，个体并非毫无地位，但都是在他者的视野中存在的：政治英雄、文化巨子、道德楷模，各种形象汇成一系列代表不同时代、不同类型的社会样板。现代文学从鲁迅开始，对个体的审视走向自我化。如上所述，《狂人日记》中狂人之"狂"所呈现和表达的，首先是一幅进入自我视界的社会和历史图景。无疑，这是一幅被颠倒的图景，但它辉映的正是历史和现实中那一幕幕庄严肃穆的景致及其宏大壮阔的叙事。借助于"狂"，"我"在重新解读历史，也在重新打量现实。崇高没有了，卑小和猥琐占据了上风；正义没有了，真实的"我"面临被

"吃"的命运；信任、安全、善待、温情……一切的一切，让"我"认同于这个社会的东西都仿佛离"我"远去，除了煎熬和忍耐，"我"已无能为力，无法自保，更无从寻求认可与庇护——"我"与这个世界的关系彻底决裂，被置于生与死、存与亡的边缘。

这就是"我"的处境——显然是一个倒置的自我世界。同时，在这种因"狂"而发生的自我倒置中，现实和历史中那个"他们"的世界也被倒置了。"我"以倒置的方式自行从"他们"的世界中退出，"我"的精神由此陷入了背叛，"我"的生命由此陷入了孤独。"狂"的隐喻就是绝望——绝望就是反抗，绝望在反抗中，也在反抗后。以"狂"为隐喻，"我"的精神品质中不期然地包含了诸如恐惧、怀疑、反叛、孤独、绝望等诸多因素。以此为精神谱系，鲁迅笔下的"狂人"不啻是一个现代文学意义上最高的自我形象，同时，也把基于现代文学表达要求的自我形象的诸种特质揭示得淋漓尽致。

以"我"为准绳，不在于事实化的"吃"与"被吃"和寓言性的"反封建"——礼教破坏、家族清算等政治层面，而是在隐喻性的自我彰显——"任个人而排众数，掊物质而张灵明"的精神层面，鲁迅以《狂人日记》的凸现完成了一个现代性的自我设计。借助于隐喻修辞，为现代文学创造了一种思想方法，也使现代思想披上了一件文学外衣。由此，作为教化的寓言体自动退出现代文学的高雅领地，也使之成为现代文学优胜与否的试金石。

‖作品来源‖

发表于《鲁迅研究》月刊，2016年第04期。

浅析鲁迅《社戏》的人生意蕴

昌 欣

导 读

鲁迅名篇《社戏》描写了"我"少年时期在乡下与伙伴们结伴玩耍、看戏、吃豆的有趣经历，本文从遁入"心斋"、"至乐"的体验、妙趣的横笛三个方面赏析该文包含的人生意蕴。

鲁迅名篇《社戏》描写了"我"少年时期在乡下与伙伴们结伴玩耍、看戏、吃豆的有趣经历，文末写道"一直到现在，我实在再没有吃到那夜似的好豆，——也不再看到那夜似的好戏了"。作者为什么会这么说？那夜的戏为何独一无二，令人无限向往和回味无穷？

答案只能在文章的字里行间寻找。"我"在那里第一盼望的就是到赵庄看戏，可是今年很可惜，借不到出行的船，眼看是要看不成戏了，"只有我急得要哭"，道了"我"失望懊恼至极的心情，"总之，是完了"。透出一种绝望的语气，"我似乎听到锣鼓的声音，而且知道他们在戏台下买豆浆喝"。听锣鼓、喝豆浆，这幻想的场景选取了社戏中最能激发少年儿童热情快乐的因素，写出少年身在曹营心在汉的状态。直到晚饭的时候，在最聪明的双喜大悟似的提议下，大家乘着八叔的航船去看戏。"我的很重的心忽而轻松了，身体也舒展到说不出的大。"似乎之前愈失望，现在也就愈开心，如果没有先前以为失去看戏机会的绝望，恐怕"我"是无法体会到这种心由很重忽而向轻松的转变，身体舒展到说不出的大是"我"之前因失落痛苦而拧紧的心完全彻底打开放松的一种变化，心变得又轻又大，似乎可以飞上九霄云外，表现了少年的狂喜。

在船上看到淡黑色的、起伏的连山，"仿佛是踊跃的铁的兽脊似的，都远远地向船尾跑去了，但我却还以为船慢"。山是少年眼中的山，所以这个比喻带有少年主观色彩，也体现他的年龄特点。兽脊、踊跃的，少年赋予了山活泼的生命力，那是因为少年自己当下的心就是活泼的，"远远地跑向船尾"，带着一股冲劲，急切的情态。"但我却还以为船慢"一方面印证了先前比喻所体现的急切，另一方面更加直接坦率地表明自己迫不及待的心情。

一、遁入"心斋"

在船上听到了大约是横笛的声音，"宛转，悠扬，使我的心也沉静，然而又自失起来，觉得要和他弥散在含着豆麦蕴藻之香的夜气里"。《庄子·人间世》云："若一志，无听之以耳而听之以心，无听之以心而听之以气。听之于耳，心止于符。气也者，虚而待物者也。唯道集虚。虚者，心斋也。"储昭华、赵志坚两位学者对这进行了世俗化的解析："所谓'虚'，并不意味着外在的否弃或泯灭，而是一种虚静合一的境界。作为其贯彻与体现，'虚'必然包含着对外物、他人乃至尘世的超越，但所有这一切的根源则在于人自身，因此所谓'虚'，其最根本的含义是'虚己'，即通过使主体自我不断'虚化'，由此消解人与外物、人与他人的歧异、对立，最终实现自身的超越。"[1]料想文中此处少年所说的"自失"应与老庄思想中的"虚己"无差。依此，可以说此时的"我"达到了"心斋"的境界，他不是在用耳朵聆听横笛。在这个特定的瞬间，他以"无我"之"气"在体会感受外部世界。横笛的声音使"我"原本急切的心向沉静转变，音乐使心静，而只有静心才能感受音乐的美妙，横笛固然有声，可是它宛转、悠扬，在这无边的夜色里，更能衬托出夜的静，心

---

[1] 储昭华、赵志坚：《"心斋"何为？——〈人间世〉的政治哲学意蕴》，《浙江学刊》，2014 年版，第 1 期。

的静，沉静的心又自失起来，然后渐渐弥散，仿佛要超然物外，大有天人合一的趋势。

等船弯进了叉港，赵庄便在眼前了。"最惹眼的是屹立在庄外临河的空地上的一座戏台，模糊在远处的月夜中，和空间几乎分不出界限，我疑心画上见过的仙境，就在这里出现了。"月夜、无垠、模糊、仙境，作者以一个远眺的视角塑造了一个朦朦胧胧的，清凉无垠，犹如天上仙境般的意境，使戏台笼罩在一个浪漫、超现实的氛围之中。

二、"至乐"的体验

"近台的河里一望乌黑的是看戏人家的船篷，使他们近不得台旁，大家只能下了篙，比那正对戏台的神棚还要远。其实我们这白篷的航船本也不愿意和乌篷的船在一处，而况没有空地呢。"他们白篷的船为什么不愿意和乌篷的船在一处？乌篷船的土财主的家眷是来吃糕饼水果和瓜子的，并不在乎看戏，而"我们"是来真心欣赏戏剧的：双喜说他平日里亲自数过那铁头老生翻八十四个筋斗。如果没有对戏剧的执着和热爱，双喜是不会关心铁头老生到底翻多少个筋斗，更没有耐心和兴致去一个个数。对于"我"来说，最愿意看的是一个人蒙了白布，两手在头上捧着一支棒似的蛇头的蛇精，其次是套了黄布衣跳老虎。可是今晚他们都如愿以偿地看到自己翻筋斗，台下基本上可以算白地嘛；蛇精和黄布衣跳老虎等了许多时都不见。有的只是翻了一阵筋斗的赤膊的人、一个咿咿呀呀的小旦、一个很老的小生，连豆浆也没得喝，最要命的是老旦的出场。而全场最好的一折，也不过是一个红衫的小丑被绑在台柱子上，给一个花白胡子的用马鞭打起来了。这从我们旁观者的角度来说，今晚的社戏是无趣的，令人扫兴的，但是作者却说他再也没有看过那夜似的好戏了，岂不咄咄怪哉？！且慢，请将注意力集中到介绍全场最好的那一出戏前面："我不喝水，支撑着仍然看，也说不出看见了什么，只觉得戏子的脸渐渐地有些稀奇了，那五官渐不明显，似乎融成一片的再没有什么高低。"此处塑造出的意境与前文仙境般的戏台有呼应关系："自失"后看见的是模糊犹如仙境的戏台，现在这模糊的戏台上是融成一片的脸，一脉传承的风格给这个朦胧又广阔无垠的仙境增加了更加抽象的、光怪陆离的、离奇不真实的梦幻感——这是少年顿悟"心斋"后，对"仙境"近距离观察的所见所闻。《庄子·天道》云："言以虚静推于天地，通于万物，此之谓天乐。"依庄子所见，这是一种无上的快乐——少年看见的具体实物似乎不再重要，重要的是这种境界的体验：虚化自我的意识，摆脱世俗对自我的一切束缚和羁绊。

三、妙趣的横笛

当他们启程返航时，作者又写道："月光又显得格外皎洁，回望戏台在灯火光中，却又如初来未到时候一般，又飘渺的像一座仙山楼阁，满被红霞罩着了。吹到耳边来的又是横笛，很悠扬。"视角再次远拉如初见戏台时，而且依旧是"自失"后的所见所闻：月光皎洁，红霞笼罩，如果说前文塑造的戏台体现出朦胧梦幻，与天地同宽的特点，此处的戏台更有一种神秘庄严的氛围，令人向往却又飘渺不可近，更显出它的圣洁。而更耐人寻味的是那悠扬的横笛声的再次出现，会让人不禁想到它是否在扮演一个仙宫迎宾的小吏，"我"第一次听见横笛声后很快仙境般的戏台便出现，就是横笛声使"我"沉静、自失，弥散，而离开这仙台楼阁时横笛声又伴随"我"离开，也像是一个离开仙境重返人间的告示。由此可大胆猜测，文中的"横笛"就是帮助少年顿入"心斋"的关键媒介。老庄哲学中至高无上的心灵体验在此似乎唾手可得——只需一支横笛。但这横笛声可能并非出于名师口中，也可能并非是余音绕梁的旋律，为何对"我"精神上的作用如此深刻呢？也许和为看戏而经历的过山车似的情绪转变有关：以为将要与社戏擦肩而过的那极度的失望焦虑、失而复得的狂喜——有了这一系列心理历程，"我"的感触神经才会被调动得异常敏锐，悠扬的横笛声入耳听来的感觉犹如雷霆万钧加诸于含羞草之上。由此沉静自失而后弥散超脱，遁入"心斋"获得至乐，在离奇梦幻的仙宫畅游一番，似乎这一切只有极其纯粹而又虔诚的孩童之心才能偶得，所以作者说再也没看过那夜似的好戏，也就不难理解了。

[作品来源]

发表于《新闻世界》2015 年第 02 期。

"革命"的"回想"与"回响"
——试析鲁迅《头发的故事》的价值取向

任慧群

导　读

　　《头发的故事》是鲁迅把全家搬到北京之后写的第一篇小说。"我"向读者讲述 N 先生给"我"讲述头发的故事，后者组成作品篇幅的主体部分。围绕"头发"，小说涉及了从晚清到"五四"的辛亥革命和思想革命，提供了鲁迅有关"革命"的复杂的价值取向。

　　从《新青年》第五卷第三号上发表随感录二十五开始"对付"，到在第六卷第六号上接连发表随感录六十一至六十六，鲁迅鲜明地保持了与"新文化运动"的"态度的同一性"。在这一点上，我们认同于研究者对鲁迅杂文的以下观点："无论是赞誉还是谴责都太露、太绝对，以至内容不够真实、态度不够公平"，并运用了"混合着诡辩、过分简单化以及感情偏见的修辞手段"，这是他"作为一个自觉的反叛者"而呈现在杂文中的特点。但鲁迅"以锐敏的观察力，精微而深湛的感情来写作"小说。要体味鲁迅小说中的"感情"所体现的价值取向，分析其小说叙述技巧就必不可少。对此，研究者指出，鲁迅"从不想分析自己的作品，并以一种自嘲的幽默态度故意忽略所有关于技巧之类的问题"，但"比起别的作家来，鲁迅的每一篇小说更是一种技巧上的大胆创举，一种力求达到内容与形式完美结合的新的尝试"，"他在技巧方面要求很高"，"也正是他对技巧始终如一的关注，以及我们在他作品当中感觉得到的那种独特的感情和判断力，才使他的数量极少的小说成为近代中国文学里表现力最强的艺术品"。《头发的故事》是鲁迅把全家搬到北京之后写的第一篇小说。"我"向读者讲述 N

先生给"我"讲述头发的故事,后者组成作品篇幅的主体部分。围绕"头发",小说涉及了从晚清到"五四"的辛亥革命和思想革命,提供了鲁迅有关"革命"的复杂的价值取向。

首先看小说中的 N 先生,这一命名就与鲁迅结束自己的随感录时提到的 Natur 及其话语的"革命性"有关:"自然赋予人们的不调和还很多,人们自己萎缩堕落退步的也还很多,然而生命决不因此回头。无论什么黑暗来防范思潮,什么悲惨来袭击社会,什么罪恶来亵渎人道,人类的渴仰完全的潜力,总是踏了这些铁蒺藜向前进","生命不怕死,在死的面前笑着跳着,跨过了灭亡的人们向前进","这是 Natur(自然)的话,不是人们的话"。在"自然"与"人们"之间,鲁迅的 Natur 实际是具备"个人的自大"的"独异"者,"对庸众宣战",有"几分狂气","必定自己觉得思想见识高出庸众之上,又为庸众所不懂,所以愤世嫉俗,渐渐变成厌世家,或'国民之敌'。"而小说中的 N 先生却开始对"个人的自大"理想产生质疑,所谓"必定自己觉得"。在后辛亥革命时代,围绕辛亥革命带给中国社会最大变化的"头发"问题,他在五四时期讲述辛亥革命时代的革命先辈的故事,其讲述对象是他眼中的五四时期的"理想家""我""你们"。N 先生关于革命少年、辫子等的"回想"与"我"对"回想"的"回响","N 先生""我""他们""你们"与"头发"、辛亥革命、五四新文化运动的思想革命的联系,使"革命"的"回想"和"回响"成为鲁迅安排叙述的重要技巧。

其次来看 N 先生对建立"中华民国"过程中牺牲的革命少年的"回想"。"多少故人的脸,都浮在我的眼前。几个少年辛苦奔走了十多年,暗地里一颗弹丸要了他的性命;几个少年一击不中,在监牢里身受一个多月的苦刑;几个少年怀着远志,忽然踪影全无,连尸首也不知哪里去了。""他们都在社会的冷笑恶骂迫害倾陷里过了一生;现在他们的坟墓也早在忘却里渐渐平塌下去了。"叙述者对革命少年的感知内容,涉及如何理解他们为革命、为民族国家、社会、他人而牺牲自我生命的价值取向问题,也继承了晚清以降思想界对革命者与政府、革命者与社会之间关系的思考。蒋观云认为:"尤可痛心者,则蟊贼在朝,豺狼挡路,日取吾种之秀者,而杀戮之,涂醢之,拘囚之，逮缚之，窜逐之，禁锢之。""天地因之而失色，日月为之不明，无人心也则已，苟有人心则未有不为之愤气积云，悲泪成海者也。""其所谓官，以取富贵保利禄为宗旨，朝廷之所谓叛徒，彼亦曰叛徒，朝廷之所谓乱党，彼亦曰乱党。能捕获之以为己能，能斩杀之以为己功，溅同胞之血，以染其显耀人前赤色之一顶。我之所视为短气吞声之地，正彼所视为得意快心之笔。"梁启超认为："政府一面以制造革命党为事，一面又以捕杀革命党为事"，虽不同情于"亡国"之"革命党所持之主义"，但"未尝不哀其志，彼其迷信革命之人，固一国中多血多泪之男子，先国家之忧乐而后其身者也。多血多泪先国家之忧乐而后其身之人，斯亦国家之元气也。而国之所以立于天地也，其曷为迷信此可以亡国之主义，有激而逼之者也。""此彼等之理想"，"其愚可悯，其愚可悲。使彼等而诚有罪也，则现政府当科首罪，而彼等仅当科从罪"。在革命者与社会的关系问题上，鲁迅为译本作序时说，"人是生物，生命便是第一义，改革者为了许多不幸者们，'将一生最宝贵的去做牺牲'，'为了共同事业跑到死里去'"，"偷活在追蹑里，包围过来的便是灭亡；这苦楚，不但与幸福者全不相通，便是与所谓'不幸者们'也全不相通，他们反帮了追蹑者来加迫害，欣幸他的死亡，而'在别一方面，也正如幸福者一般的糟踏生活。'""以前的俄国的英雄们，实在以种种方式用了他们的血，使同志感奋，使好心肠人堕泪，使刽子手有功，使闲汉得消遣。总是有益于人们，尤其是有益于暴君，酷吏，闲人们的时候多；餍足他们的凶心，供给他们的谈助。""英雄的血，始终是无味的国土里的人生的盐，而且大抵是给闲人们作生活的盐，这倒实在是很诧异的。""然而翻翻过去的血的流水帐簿，原也未始不能够推见将来，只要不将那帐目来作消遣。"N 先生对"故人"与"国家""社会""他们"关系的"回想"，显然不是"将那帐目来作消遣"，而是提供了持守"革命理想"者在现实的"回响"；与"他们"不同，作为 N 先生"回想"的直接听众，"我"虽然也不满意于"人们"对建立"中华民国"的革命者的忘却，但对 N 先生的讲述，却"不置一辞"。"叫喊于生人中，而生人并无反应"的"寂寞"，在这一言语交流行为中得到形象展示，在这一"形式"安排中，鲁迅对"革命"的复杂的价值取向初步体现。

第三，N 先生对留学剪发辫、穿西服等内容的感知，也显示了人物持守的革命精神。叙述留学剪辫的原因时，叙述者提到："这并没有别的奥妙，只为他太不便当罢了。"其实，发辫"便当"与否的价值取向，与晚清以降海外华人对截取发辫的认识密切相关："其实数年来，海外华人，恶此物之辱国，从而截去之者，大有日增月盛之势，其眷恋故乡，不敢牛山濯濯，以至里巷嫌然者，亦多购取头笠将发辫卷而藏之"；截取发辫与不截之人，在"所享之利益"上亦有区别："其所享之利益与未割辫未藏辫者比较，大有别矣而常胜焉"；截取发辫的原因也与华人受辱受害、种种认识到的"不便"，甚至"饱尝其害""深恶而痛绝之"相关："是以华人所至之地，有半边和尚之称，有有尾猪之诮。外人或讥之以言，或踢之以足"，"总之无不受辱受害"；"惟华人则头剃半边，背拖长辫，如绳索，如锁链，如兽尾，自顾亦觉形秽，何况外人。其于身体之种种不便，于家计之种种不便，于国体种种之不便，曾游外洋者，大都饱尝其害，深恶而痛绝之。"叙述者关于西装的叙述，也与晚清以降的现代性的知识体系相关，甚至是在与"奴隶"区别、与"公理"相合、与"人种"优劣进化相关的"反满"中，呈现其革命性精神："西装之精神在于发奋踔厉，雄武刚健，有独立之气象，无奴仆之衰屑"，"装束与西人同，酬酢易相和洽，无形格势禁之疑；装束与西人同，往来彼地，查察事务，于政学工商取资不少，罕猜忌凌辱之患。万国咸尚西装，一国独为异服，则于公理上有碍。不独见恶于观瞻已也，西装严肃而发皇，满洲装松缓而衰懦，则与人种上有关，不独取便于身体已也。""进化文明之程度，不知相去天壤矣。欲脱满清之羁轭，而比肩世界文明之气象，以复我汉人之国土者，其知所择矣。"在这一语境下，N 先生转变对于辫子、西服的观念，与"知所择"的有关"革命"的价值取向相关。

第四，N 先生"回想"的语境是五四时期，其讲述对象是五四时期主张女子剪发等改革社会的理想家"你们"，也就是向读者讲述 N 先生有关"革命"的"回想"的"我"。"我"不满意于"人们"对"中华民国"的忘却，才引来他的"回想"。作为这次言语交流活动的受话者，"我大抵任他自言自语，不赞一辞；他独自发完议论，也就算了"。因为"我"认为他"脾气有点乖张，时常生些无谓的气，说些不通世故的话"，虽然"我""不赞一辞"，但能"任他自言自语"。而当他"愈说愈离奇"，"见到我不很愿听的神情"时，"立刻闭了口"。"我"之所以认为"离奇"和"不很愿听"，是因为"我"恰恰是五四新文化运动中的改革社会的理想家，是为"慰藉那在寂寞里奔驰的猛士"的有"梦"者。到此为止，可以说围绕"头发"，小说涉及从晚清、民元到"五四"的辛亥革命和思想革命，在改造中国社会的革命理想上，N 先生与被其视为改革中国的理想家的"我""你们""蝮蛇"，实际上具有一致性。人物"回想"自身经历的过程，是把自己与"世故""他们""中国""乞丐"对立的过程，是展示革命战士得不到"回响"的"寂寞"的过程，也是叙述者突显革命理想的过程。正如鲁迅所说："据我的经验，这理想价值的跌落，只是近五年以来的事。民国以前，还未如此，许多国民，也肯认理想家是引路的人。到了民国元年前后，理论上的事情，着着实现，于是理想派——深浅真伪现在姑且弗论——也格外举起头来。"在旧官僚和遗老以"经验"和"事实"攻击理想派的"标新立异"时，五四时期理想家的理想的"悲哀"甚至"可笑"，由 N 先生在得意自己的理想实现之时、以放"冷气"的方式提供。鲁迅对这些叙述技巧的使用，似乎说明实现理想的苦痛，但又似乎是反对对理想的追求。为什么会有这样的"形式"安排？这与鲁迅对"革命"的复杂的价值取向有何关系？叙述者"我"保留了人物 N 先生的论述，即不愿意再看到为了理想而使人们像"故人"以及自己一样再"痛苦"。鲁迅也说："人生最苦痛的是梦醒了无路可以走。做梦的人是幸福的；倘没有看出可走的路，最要紧的是不要去惊醒他。"因而不希望"为了这希望，要使人练敏了感觉来更深切地感到自己的苦痛，叫起灵魂来目睹他自己的腐烂的尸骸"。作为身处"寂寞"和"最苦痛"之中的 N 先生，在他反对理想家的理想的时候，也许他对人们不再有痛苦的期待本身，就是一种比理想家的革命理想更具浪漫理想色彩的观念。在这个意义上，恐怕鲁迅会说："这种迂远而且渺茫的意见，自己也觉得是可叹的。"

　　因此，研究者认为"鲁迅文学声音的主调，是一位似乎是不动感情的新闻传递者的声音"，"但这声调中的不动感情其实是假的。每一则似乎是客观的新闻，都经过传递者仔细的选择，而且是按照传递者的观点，充满感情地传达出来。声音后面的那个人略微带些忧伤，他那急促的、带分析性的报道也是由强烈的感情控制着"，而且把这些"感情和思绪转化为一种更伟大的'熔合体'，用更深广的象征系统来更丰富地描述他所看到的那个世界。他可能严肃地思考过那些在他的读者看来很明显的内在冲突，而仍把它们保留在艺术结构中不去解决"。走进鲁迅作品，在其叙述技巧以及艺术结构中寻求那个属于鲁迅的"世界"。也许只有在这个"系统"中，我们才能严肃地思考和描绘，作为"永远的革命者"的鲁迅在内在冲突中蕴含的关于"革命"的复杂的价值取向，才能真正理解鲁迅的"反抗绝望"的勇猛和悲壮。

‖ 作品来源 ‖

　　发表于《小说评论》2010 年第 S1 期。

以小见大——《兔和猫》所折射出的鲁迅思想

辛树琴

导 读

　　《兔和猫》是鲁迅小说中历来不受重视的一篇，研究者较少，然而笔者却认为这篇文章同样也秉承了鲁迅惯有的思想主张。这篇小说以隐喻的方式，反映了鲁迅的"幼者本位和弱者本位"思想，关注生命的情怀和无情地自我剖析之精神。

　　《兔和猫》是鲁迅《呐喊》中一篇以描写动物为主的文章，这在《呐喊》中是少有的。在鲁迅的文章中经常会有动物出现，虫鱼鸟兽动物种类繁多，而尤其以哺乳类动物出现的次数为最多。这些动物不仅仅是以简单的生物而出现的，他们更多的是以隐喻的方式来表现鲁迅的思想。

一、幼者本位及弱者本位

　　鲁迅作为一个反封建的斗士，总是以一个"孤绝的复仇者"出现在大众面前。的确他是一个疾恶如仇的复仇者，他对敌人的恨如锋利的匕首直刺敌人的心脏，又如毒蛇怨鬼一般纠缠不休，令人惊叹；而他的爱，尤其是对于幼者和弱者的爱，炽烈、热诚，也同样令人折服。

　　《兔和猫》写于1922年，这篇文章中总共涉及五种动物：兔子、大黑猫、小狗S、鸦和雀，文章以三太太买来的一对兔子为中心，写了这对兔子在三太太家的生活、生产和其家族的兴盛衰落再兴盛的过程。文章从初次见这对兔子写起，从家族的兴衰、存亡，写到"我"为之产生的感慨（悲叹生命之脆弱，怒斥造物），并因之产生了伺机准备报复"黑猫"的想法。整篇文章中处处无不显示鲁迅对弱者幼者的关注与关怀，从文章开头作者初次见到这一对像孩子般"天真烂漫""竖直了通红的长耳朵，动着鼻子，眼睛里颇现些惊疑神色"的小兔子，便对它们产生了怜爱之情。作者后又仔细观察了小兔子的衣食住行，用饱蘸爱意的笔写出了小兔子的淘气可爱，它们的淘气不仅是"啃木器脚""撕壁纸"，还表现在对鸦鹊的"吓唬"中，"乌鸦和喜鹊想要下来时，他们便躬着身子用后脚在地上使劲一弹，砉的一声直跳上来，像飞起了一团雪，鸦鹊吓得赶紧走……"从这里的描写我们可以发现鲁迅对小兔子的深切关注与关怀，这正像他对幼者和弱者深沉的同情一样，我们可以在这对兔子的背后发现一双深情的眼睛。

"对弱者、幼者的同情怜爱，与对压迫势力的憎恶诅咒一样，成为鲁迅创作的一大母题。"①鲁迅小说研究鲁迅对弱者和幼者的同情尤其表现在儿童和青年身上。鲁迅从他的第一篇白话文小说《狂人日记》中就喊出了"救救孩子"的声音，此后便一直为儿童和青年争取"生"的权利。在鲁迅看来整个"中国的社会里"都是"吃人、劫掠、残杀、人身买卖、生殖器崇拜、灵学、一夫多妻"这种"蛮人文化"。②所谓的改革"皮毛改新，心思仍旧"③，而那些别国先进的东西来中国之后"便如落入黑色染缸似的，无不失了颜色"④。而中国的"父母"如"土人"一般导致"中国的孩子只管生，不管他好不好，只要多，不管他才不才"。⑤而控制舆论的道德家们还在一味研究收拾幼者的方法，于是中国的儿童不是"横暴冥顽"⑥便是"钩头耸背，低眉顺眼；一副死板板的脸相……"⑦总之都是"衰惫"，如此状况的儿童让鲁迅痛心疾首，他为这些儿童的将来担心，他害怕这些孩子将来要从"世界人"之中挤出去，成为真正的土人。鲁迅对儿童和青年的关心不仅表现在揭露"吃人"的生存环境，更表现在他与迫害幼者弱者的"黑猫"们的

---

① 冯光廉：《鲁迅小说研究》，天津人民出版社，1989 年版，第 43 页。
② 鲁迅：《随感录·四十九》，《鲁迅全集（第 1 卷）》，第 338 页。
③④ 鲁迅：《随感录·四十三》，《鲁迅全集（第 1 卷）》，第 351 页。
⑤ 鲁迅：《随感录·二十五》，《鲁迅全集（第 1 卷）》，第 316 页。
⑥⑦ 鲁迅：《上海的儿童》，《鲁迅全集（第 4 卷）》，第 561 页。

抗争上。他发现中国一向就是个"吃人"的国度，"吃人"的历史由来已久，人仅仅是被称为"两脚羊"的动物，"吃人"者有很多种理由可以去"吃人"，战乱没有粮食可以"吃人"，尽孝可以"吃人"，尽忠可以"吃人"，治病可以"吃人"……于是"我翻开历史一查，这历史没有年代，歪歪斜斜的每页上都写着'仁义道德'几个字。我横竖睡不着，仔细看了半夜，才从字缝里看出字来，满本都写着'吃人'两个字！"①这是一本吃人的历史，他震惊，他害怕，害怕孩子们被吃！鲁迅大声呼喊救救孩子，救救未来，他告诫那些屠杀者"杀了'现在'，也便杀了'将来'。——将来是子孙的时代"。②也告诉那些冥顽不化的道德家们"大抵本位在幼者"，告诉他们身体力行，对自己的孩子海婴，尽量遵循孩子的天性，让他快乐成长。而对青年鲁迅也像朋友一样，热情帮他们走上文学的道路，萧军和萧红的书就由鲁迅作序的。鲁迅愿"自己背着因袭的重担，肩住了黑暗的闸门，放他们到宽阔光明的地方去；此后幸福的度日合理的做人"③。他竭力保护幼者和弱者，于是他用"最黑最黑的咒来，先来诅咒一切反对白话者，妨害白话者"④。这些妨害白话的别有用心的人，要毁掉孩子们的快乐，他们不仅像黑猫一样残害幼弱者而且"能使全中国化成一个麻胡，凡有孩子都死在他肚子里"。⑤于是这个既有黑猫又有麻胡却独独没有爱的国度里，孩子们被"吃掉"，青年被"诱杀"。

二、关注宇宙生命

鲁迅的爱是一种大爱，他关注的不仅是幼者和弱者的生命，而是整个宇宙间的众多生命。在《兔和猫》中无辜的生命被吞噬后，兔子家族在三太太的强制帮助下又繁荣了，大家又高兴了，因为人们把曾经死去的很快就忘却了，于是死去的不再容于大家心间了。而鲁迅却没有为兔子家族的

---

① 鲁迅：《狂人日记》，《鲁迅全集（第1卷）》，第415页。
② 鲁迅：《随感录·五十七》，《鲁迅全集（第1卷）》，第350页。
③④ 鲁迅：《我们现在怎样做父亲》，《鲁迅全集（第1卷）》，第140页。
⑤ 鲁迅：《二十四孝图》，《鲁迅全集（第2卷）》，第252页。

兴盛感到高兴，他感到悲凉，不仅是为了死去的兔子们，而且记起了旧事，想起了那膏于鹰吻的鸽子，只留下了散乱的鸽毛，又被长班打扫了，于是人们便遗忘了。被马车轧的快死的小狗，被搬走了，同样无人知道，被蝇虎咬住的苍蝇的吱吱的叫声，更是短促，更是无人注意了。这许多被造物玩弄的小生命，他们悄悄来到世间又悄悄离去，甚至连死后的痕迹也被长班们扫去了！鲁迅愤然了，他怒斥这无常的造物主"将生命造的太滥，毁的太滥"。许多生命都是在瞬间悄然而逝，被人们惯于遗忘了。事实如此，在中国这个缺少诚与爱的国度里，他感到自己如置身荒原一般，而他对生命的呼唤如"叫喊于生人中，而生人并无反应，既非赞同，也无反对"。①他早年在日本经历了"投影"事件就得出了"一样强壮的体格"的中国人"显出麻木的神情"②，他们时时期待"忘却的救主"的"降临"③。正是因为麻木、无爱，中国的社会多了大胆的屠夫，多了污蔑死者、为杀人者开脱的流言家。

三、自我剖析

在《兔和猫》的结尾，鲁迅写到自己对生命的"无所容于期间"，表现了他深刻的自我剖析精神。

鲁迅自身的生活经历注定了他的创作"表达了自我的生命感以及生存过程中困顿的思想情绪。当中国现实的黑暗与反动势力以恒定的物态形式制约中国社会的时候，鲁迅不得不把自我难以实现的价值观受挫后的感觉，外化在自己的作品里。他在小说和杂感中，不断释放着内心模糊不定的情感"。④正是这种情感让鲁迅不断解剖别人、解剖自己。鲁迅在解剖自己的时候同样也不留情面，他说："我知道我自己，我解剖自己并不比解剖别人留情面。"⑤在创作上，他承认自己作品有很多缺点："《狂人日记》很幼稚，

---

① ② ③ 鲁迅：《呐喊·自序》，《鲁迅全集（第1卷）》，第416—417页。
④ 孙郁：《20世纪中国最忧患的灵魂》，群言出版社，1993年版，第11页。
⑤ 鲁迅：《对于〈新潮〉一部分的意见》，《鲁迅全集（第7卷）》，第226页。

而且太逼促,照艺术上说是不应该。"①在《〈域外小说集〉序》中更是说"译文句子生硬""佶屈聱牙"还有"极不行的地方""委实配不上再印"②。《〈坟〉题记》中批评《摩罗诗力说》"简直是生凑""又喜欢做怪句子和写古字""这样的东西,倘是别人的,我恐怕不免要劝他'割爱'。"③《写在〈坟〉后面》"其间自然也有为卖钱而作的"④。在思想上鲁迅更是如此,他说:"我的确时时刻刻解剖别人,然而更多的是更无情面地解剖自己,发表一点,酷爱温暖的人物已经觉得冷酷了,如果全露出我的血肉来,末路正不知要到怎样。我有时也想就此驱除旁人,到那时还不唾弃我的,即使是枭蛇鬼怪,也是我的朋友,这才真是我的朋友。"⑤《写在〈坟〉后面》中又说:"……抉心自食,欲知本味。创痛酷烈,本味何能知?……""……痛定之后,徐徐食之。然其心已陈旧,本味又何由知?……"⑥"我从别国里窃得火来,本意却在煮自己的肉的,以为倘能味道较好,庶几在咀嚼者那一面也得到较多的好处,我也较不枉费了身躯:出发点全是个人主义。"⑦

作品来源

发表于《西安社会科学》2011年第02期。

---

① 鲁迅:《答有恒先生》,《鲁迅全集(第3卷)》,第40页。
② 鲁迅:《〈域外小说集〉序》,《鲁迅全集(第10卷)》,第155页。
③ 鲁迅:《〈坟〉题记》,《鲁迅全集(第1卷)》。
④⑤ 鲁迅:《写在〈坟〉后面》,《鲁迅全集(第1卷)》,第284—285页。
⑥ 鲁迅:《墓碣文》,《鲁迅全集(第2卷)》,第202页。
⑦ 鲁迅:《二心集·"硬译"与"文学的阶级性"》,《鲁迅全集(第4卷)》,第212页。

"揭出病苦，引起疗救的注意"
——鲁迅《药》中小市民形象的意义

龙庆荣

导　读

　　小说《药》中几个小市民形象，平凡、普通、无人关注，甚至在作品中也占不到大的篇幅。但作者对他们的描写却有着深刻的思想寓意，借此展现当时中国中下层社会广大人民思想和精神状态，并企图以荒唐的病象冲击广大读者的心扉，引起疗救的注意。可谓着墨不多而形神毕现，看似轻描淡写实则意味深长。

　　鲁迅从事小说创作，有着非常明确的目的，在《呐喊·自序》里讲到自己弃医从文的缘由时他说："医学并非一件紧要事，凡是愚弱的国民，即使体格如何健全，如何茁壮，也只能做毫无意义的示众的材料和看客，病死多少是不必以为不幸的。所以我们的第一要著，是在改变他们的精神。"于是，他怀着极大的热情，一改中国小说的传统，把目光投向中国的广阔社会，尤其是中下层人民的生活，他曾说："古之小说，主要是勇将策士，侠盗赃官，妖怪神仙，佳人才子，后来则有妓女嫖客，无赖奴才之流。"（《南腔北调集·〈总退却〉序》）而他则主动在题材的选择和人物的描写上进行彻底的转换，在中国的现代文学中，他真正以平等的态度，把平民百姓的生活、欢乐和痛苦作为自己集中关注的中心议题，同时，以全新的视角，审视社会，以极大的同情和关注描写劳动人民的历史命运，揭示他们痛苦、麻木和被扭曲的灵魂。通过自己深邃的观察、思考表明，这些下层社会的不幸，不仅是由上层社会的堕落所导致的，同时也是与我们的民族漫长的封建社会专制统治、愚民政策密切关联的。由此，他的小说塑造了一系列位于中国中下层社会的人物形象，并希望借此发人深思，催人猛醒，以达成疗救的目的。

这其中，短篇小说《药》是大家所熟知的，全篇主要通过"华""夏"两个家庭的命运反映中国晚清时期的社会面貌以及风起云涌的革命大潮下各色人等的思想状态。评论家对其中的主要人物，如华老栓、康大叔、夏瑜等的分析已经很深入、透彻了。然而，小说中的一众茶客，无名无姓，不受关注，鲜有论及，似乎他们是无关紧要的。其实，作者对这一群小市民虽着墨不多，却也用意良苦，寄寓颇深，是很值得玩味的。

首先，是"驼背五少爷"。从名目看来，此人祖上曾经阔过。但现在没落了，他沦为了一介平民，成了这茶馆芸芸茶客中的普通一位，小说写他"这人每天总在茶馆里过日，来得最早，去得最迟"。他早到晚去，每天总在茶馆中度过，并非因他在此做什么大的有意义的事，他也并非此馆中不可或缺的重要的角儿。但有不同凡响人物进来，店家早该赔上笑脸，让座，上茶，而他进得店来，第一次问话，"没有人答应他"，第二次问话，"仍然没有人应"，可见其地位了。何以他仍是每天照来不误呢？作者如此写来，实是严肃地揭露了当时中国社会的现状，在晚清"风雨如磐"的黑暗统治下，一边是志士仁人浴血奋战，寻找救国救民的道路，一边却是以"驼背五少爷"为代表的清闲茶客，对中国的悲哀现实茫然不知、浑然不觉，空虚、无聊，虚度时日，以致革命猛士的牺牲"仅使留下淡红的血色和微漠的悲哀。在这淡红的血色和微漠的悲哀中，又给人暂得偷生，维持着这似人非人的世界"。

其后，茶客渐多，刽子手康大叔闯进来后，与众人大谈早上被处决的犯人——革命者夏瑜如何的贫穷、如何不要命，关在牢里还说"这大清的天下是我们大家的"，要劝牢头造反。这期间，驼背五少爷不发一言，显得毫不关心、非常冷漠，甚或认为这样的话题无趣无味、何必多说。直到听说夏瑜被牢头红眼睛阿义打了两个嘴巴，多时一声不响的驼背才又忽然高兴起来说："义哥是一手好拳棒，这两下，一定够他受用了。"对革命青年的不幸遭遇没有丝毫的关心、同情，反而极是兴奋，还亲热地称红眼睛阿义为"义哥"。这活脱脱如同市面上的闲汉、无赖形象，不明事理，莫辨是非，日子平淡无味，一见有人打架，以为有好戏可看，便趁机起哄，扩大事端，巴不得双方大打出手，头破血流，断手断脚，方觉过瘾。对这样的典型人物，作者描写不多，却真切而传神地勾画出这类人骨子里的东西：麻木，愚昧，是非不分，空虚无聊，趣味低级下劣。而这样的人绝不在少数。由此看来，作者对中国社会各色人等的观察认识是多么深刻。

第二个是"花白胡子的人"。此人年岁稍长，因此一露面便以长者自居，说道："老栓，你有些不舒服么？——你生病么？"俨然一副长者口吻，对老栓关心、问候。当老栓否认后，他又说："没有？——我想笑嘻嘻的，原也不像……"便取消了自己刚才的话。——如此谈吐，可见其装腔作势、言语无味、无聊之极。

当康大叔——一个杀害革命青年的刽子手进到茶馆里大叫大嚷时，"满座的人，也都恭恭敬敬地听"，显出十分畏惧的神情。这位花白胡子的人自居年长，自觉当与别人不同，似乎只有他方有资格与康大叔搭话，便小心翼翼地走到康大叔面前，低声下气地与康大叔套近乎，巴结他。那么，何以众人又对这满脸横肉的刽子手如此恭敬呢？这里面其实有着深层的历史的和现实的原因，那就是，长期以来，封建统治者一方面奉行愚民政策，用封建伦理道德、宗教思想麻醉人民、愚弄人民，使得广大民众由衷地相信，皇帝就是天子，封建制度对人民的统治是天经地义的。作为臣民，便该自觉维护这制度；另一方面，又以残酷的镇压，打杀敢有妄动的"暴民"，迫使国民服服帖帖地做忠于皇上的"良民""义士"。而康大叔既属于官家的人，这花白胡子的人只得屈服于他的淫威，对他自然要恭敬了，反而把优秀青年夏瑜的被害说成是一个犯人被结果。这样，形象而鲜明地突出了一个愚昧无知、麻木不仁、是非不分、中毒极深而又自我感觉极好的典型。

更精彩的是，当康大叔说到夏瑜在牢中遭到牢头的虐打时，"他这贱骨头打不怕，还要说可怜可怜呢"。小说本意是夏瑜虽遭虐打，但对阿义的糊涂透顶、冥顽不化感到"可怜"，表示讥笑、嘲讽，而这花白胡子的人却说："打了这种东西有什么可怜呢？"我们理解作者这样写有两层意思。首先，它又一次生动地表现出花白胡子愚昧冷漠、麻木不仁，对一个革命志士遭虐打没有表示起码的同情，缺乏良知和人性，这是可恨的。其次，作者以此辛辣地讽刺了这类国民缺智少识，觉悟低下，极为愚蠢，连别人的话都听不懂还自以为是。这又是多么可悲啊！因此，"康大叔显出看他不上的样子，冷笑着说：'你没有听清我的话；看他神气，是说阿义可怜呢！'""此语一出，听着的人的眼光，忽然有些板滞；话也停顿了。"这是自然的，按众茶客长期以来接受的宣传、教育，按他们的思想水平、认识能力，夏瑜竟敢说"这大清的天下是我们大家的"，在牢中"还要老虎头上搔痒"，挨嘴巴是不能避免的了，可是被打的人却说打人的人可怜，自古以来，宁有此等怪事？他们是无论如何也想不通的了。于是场面便安静下来，大家都不知作如何说。这种情形对花白胡子来说，是不能忍受的。因为他自觉不仅年高，而且智长，别人不懂，难道我也不明？于是他率先做出结论，恍然大悟似的说："阿义可怜——疯话，简直是发了疯了。"——这又是多么的可笑啊！

　　第三个是"坐在后排的一个二十多岁的人"。当文中康大叔怒斥夏瑜"这小东西也真不成东西！关在牢里，还要劝牢头造反"时，这位青年人很显出气愤模样地说："阿呀！那还了得。"其神情和话语是很能说明问题的。他为什么如此气愤？为什么觉得造反是了不得的事？是满清政府给了他多大的好处和荣耀吗？显然不是。他只不过是众多普通茶客中的一员，同老栓等人一样，生活在社会的底层，逐日辛苦逐日忙，为生计而奔波，并没能在大清皇帝治下收获什么幸福。他如此神情、这么说话，让人觉得是那么可笑、无奈。晚清统治腐败透顶、民心丧尽，许多有识之士纷纷奋起、奔走，誓要推翻这阻碍民族振兴、陷民于水火的封建帝制。这位二十多岁的年轻人，理应跟上时代的步伐，较快地接受新的思想，再不济也应认识到自己的生活、中国的社会应当得到某种改变。但是他没有。他年轻的头脑始终被一种十分陈旧的观点顽固地占据着：皇帝是不能反的，造反是要杀头的，大家应当老老实实地做皇上的驯服臣民。所以，当花白胡子的人自以为是地向大家宣告夏瑜是"发了疯了"的时候，他毫不犹豫地马上附和："发了疯了。"可见，他同别的老茶客一样无知愚昧、毫无觉悟、不辨是非。这是当时中国许多体格健壮但思想有病需要救治的人的典型代表，他们生活贫苦，度日艰难，却有意无意地维护着满清的反动统治，这也是当时中国众多年轻人的悲哀！

有趣的是，当"被打的人反而说打人的人可怜"这一问题给大家带来的疑惑似乎解决了以后，店里又恢复了原先的活气，大家又说笑起来，坐在壁角的驼背在这半晌之后也冒出一句话——"发了疯了！"这样的描写是意味深长的，它深刻地反映出国民灵魂深处的某些劣根：强不知以为知，自己不懂，还要去瞒骗别人，不愿示愚示弱，还要处处与人攀比，甚至要显得比别人高明。这样的毛病，就好比一个身罹重症的人，不但讳疾忌医，还要示人以如何如何的强壮。这是多么的愚蠢而又可笑啊！

鲁迅，中国近代伟大的文学家、思想家，凭着他对中国社会的现实及各阶层人物深入而独到的观察、思考以及他纯熟的文学技巧，成功地塑造了许许多多人物形象，小说《药》的这几个无名无姓的小市民在他所描写的人物群像中占不到主要的地位，但人物虽"小"，仍同样有力地反映了作者深厚的艺术功底，着墨不多而形神毕现，看似轻描淡写实则意味深长。且正因其"小而无名"恰可以在更深更广的层面上表现当时中国广大市民的思想及精神状态，这也是蕴含着作者的艺术深意的。

同阅读鲁迅的其他许多小说一样，我们在品析《药》时也常会发出无奈的笑骂，因为作者写来是如此的滑稽、幽默。但这是诙谐与悲怆融为一体造成的一种带泪的笑，它不是流于浅薄、无聊，纯为博人一粲，而是企图以荒唐的病象冲击人们的心扉。因而人们在感到滑稽可笑之余更感受到浓郁的悲剧气氛，这种艺术效果的产生，一方面来自于作者形象而真切地表现了那个社会对美好事物的残酷窒息和广大国民对新的生命、进步思潮的惊人隔膜与不理解；另一方面则来自于作者及被作者唤醒的广大民众对历史与现实被荒谬扭曲的惊人发现及随之而产生的深切的惊诧和愤激，还有对民族命运的由衷关注。这一切都在显示着，鲁迅作为一个清醒的现实主义者，时时都在实践着他从事文学创作的初衷："我的取材多采自病态社会的不幸的人们中，意思是在揭出病苦，引起疗救的注意。"也是作者推翻这旧世界、旧道德、旧秩序的"呐喊"。

作品来源

发表于《名作欣赏》2010 年第 23 期。

第三章

奇文共赏·比较阅读

从《呐喊·自序》看鲁迅真实的启蒙姿态

黄贤君

导 读

《呐喊·自序》中，鲁迅开篇点明了《呐喊》的来由，是由于那些"不能全忘却"的"回忆"，而这些记忆牵扯着"寂寞的时光"。探究鲁迅的"寂寞"心理滋生于何时，对厘清鲁迅思想变化的脉络有重要意义。

《呐喊》收集了鲁迅从 1918 年至 1922 年所做的十四篇小说，《呐喊·自序》[①]写于 1922 年 12 月 3 日，是对其在此之前的人生创作和思想变化的第一次梳理总结。本文以《自序》为经，以 1922 年之前的小说、日记、书信、译作为纬，交相辉映，可以清晰地烛照出一个"趔趄"走入文坛的鲁迅的真实姿态。

《呐喊·自序》中，鲁迅开篇点明了《呐喊》的来由，是由于那些"不能全忘却"的"回忆"，而这些记忆牵扯着"寂寞的时光"。"时光"作为一种物理性客观存在，本没有"寂寞"与不"寂寞"之分，而此时作者却站在 1922 年 12 月 3 日的时间点上对以往的"时光"做出了消极的主观情感评价，说明鲁迅在 1922 年 12 月 3 日写序之时，出版《呐喊》小说集的前夕，他的心态并不是斗志昂扬的，相反，显得有些悲观和落寞。探究鲁迅的"寂寞"心理滋生于何时对厘清鲁迅思想变化的脉络有重要意义。

---

① 鲁迅：《呐喊·自序》，《鲁迅全集（第一卷）》，人民文学出版社，2005 年版。

一、《新生》失败：对知识分子启蒙质疑的开始

　　鲁迅自《自序》第二段开始，回忆几件重要的人生事件：家庭变故，南京求学，日本学医，幻灯片事件导致弃医从文，筹办《新生》杂志及失败，"听将令"写作等。历来，评论者都津津乐道鲁迅"家庭变故""弃医从文"的事件，但却一直忽略或避而不谈筹办《新生》杂志失败这个事件对鲁迅的影响。《自序》中，《新生》杂志的筹办和失败的关键意义在于，它意味着鲁迅"寂寞""绝望"的心态开始滋生。鲁迅说："未尝经验的无聊，是自此以后的事"，"自此以后的事情"指的就是《新生》杂志创办的失败，是这件事情促发作者开始"反省"自己，并以自己"所感到者为寂寞"。值得玩味的是提到"寂寞"不是在讲述"家庭变故"或"幻灯片事件"，而是出现在《新生》失败事件之后。由此可见，在《新生》杂志创办失败之前，鲁迅的"寂寞"心理还没有滋生。但从《新生》失败之后延续到 1922 年 12 月 3 日，鲁迅的"寂寞"心理是一以贯之的。但评论者往往忽略这个消极的转变，仅仅截取《新生》杂志之前的青少年积极姿态来作为鲁迅的终身创作姿态，从而奠定了其"反抗"的研究基调是有失偏颇的。《新生》的失败为何具有如此大的关键意义？

　　《新生》杂志的筹办者是启蒙知识分子精英，它的失败意味着启蒙前提的必然失效。《自序》中鲁迅讲述了失败的经历："在东京的留学生很有法政理化以至警察工业的，但没有人治文学和美术；可是在冷淡的空气中，也幸而寻到几个同志了，此外又邀集了必须的几个人"，发展到最后只剩下"许寿裳、袁文薮、周作人等"[①]，其他留学知识分子大都不感兴趣，《新生》难成气候。而最令鲁迅感到"悲哀"的是，创刊的失败不是源于外界的绞杀和阻止，而是创刊者内部自行瓦解。"最先就隐去了若干担当文字的人，接着又逃走了资本""结果只剩下不名一钱的三个人""也都为各自的运命

---

①　鲁迅:《呐喊·自序（注释）》,《鲁迅全集（第一卷）》,人民文学出版社,2005 年版,第 443 页。

所驱策""不能在一处纵谈将来的好梦"。《新生》创办的不了了之，是源于如此讽刺性的原因，令鲁迅无比痛心。本最该承担其责任的知识分子精英队伍溃不成军。这次失败使他"反省，看见自己了"。对知识分子的弱点有了认识，知道自己"绝不是一个振臂一呼应者云集的英雄"。而这种质疑蔓延到回国后的"五四"时期。在"五四"新文化运动一周年纪念之时，他指出了"五四"新文化运动所带来的无序和混乱："几年来所谓新思潮者，在外国已是普遍之理，一入中国，便大吓人。提倡者思想不彻底，言行不一致，故每每发生流弊。"①可以说，《新生》失败后，对于启蒙运动以及担任启蒙重责的知识分子，他是深感质疑的。而这种质疑所导致的绝望，在整部《呐喊》及其后的创作中都得到了淋漓尽致的体现。

《呐喊》中，对启蒙知识分子进行直接解剖的文本比例很大，一种是对启蒙者和可能负担起启蒙责任的知识分子进行深刻解剖，比如《狂人日记》《孔乙己》《端午节》《白光》《社戏》等。《呐喊》之中，知识分子的形象几乎都是羸弱和失败的。《孔乙己》中的孔乙己是鲁镇唯一"穿长衫""站着喝酒"的人，迂腐地恪守着知识分子的外在形象。

其次，《呐喊》中书写了启蒙者与被启蒙者（农民大众）的对峙和隔膜、启蒙者处境之尴尬、启蒙之难以实现，如《药》《一件小事》《故乡》《风波》等。千百年来农民所生活的社会及所铸造而成强大的文化传统，横亘在启蒙者的面前，鲁迅也痛苦地感到撼动这个传统的力不从心。《狂人日记》的"狂人"类似于一个战士，从出场就被抛到了一个绝境，与周围人充满着紧张的对立关系。

《呐喊》作为小说作品，与《呐喊·自序》和同阶段的杂文日记相互印证了鲁迅的启蒙绝望心理。因此，在1918年之前的日记中，鲁迅甚少涉及社会时事，而只不厌其烦地赘述自己买书籍资料、古籍拓片、工资收入及亲友来往等琐事。其落寞姿态和他在自序中提到的"许多年，我便寓在这屋里钞古碑"十分吻合。由此可见，无论从《呐喊·自序》还是《呐喊》

---

① 鲁迅：《200504 致宋崇义》，《鲁迅全集（第十卷）》，人民文学出版社，2005 年版，第382 页。

中的小说，都可以清晰地看到步入文坛之时的鲁迅对于启蒙的态度和绝望的缘由，绝非许多人所说的那样激扬和反抗。

二、被遮蔽的"听将令"：真实的"寂寞"与误读的"反抗"

既然对启蒙已经绝望，如何解释鲁迅还步入文坛呢？关于这个矛盾，鲁迅在《自序》中交代得十分清楚，那便是"听将令"。这个十分关键的事实历来被研究者所忽略和遮蔽。

鲁迅步入文坛的"听将令"，事实表现为三个方面：首先，对于文艺启蒙的失望。《新生》失败之后的鲁迅，感到"生命居然暗暗地消去了，这也就是我唯一的愿望"。鲁迅向来被认为是新文化的旗手，但事实上，对五四新文化运动，鲁迅并不乐观。因为当时的"五四"新文化运动并没有想象中那么轰轰烈烈，连代表新文化大阵营的宣传刊物《新青年》也"销路闻为不佳"[①]，他也不得不感慨"今之青年皆比我辈更为顽固，真是无法"[②]。直到1920年5月4日"五四"新文化运动一周年纪念日中，他对于"五四"的启蒙更为悲观，给宋崇义写的信中提到，"仆以为一无根底学问，爱国之类，俱是空谈；现在要图，志在熬苦求学，惜此又非今之学者所乐闻也"[③]。鲁迅对"五四"新文化运动做出了清醒的反思，可见其绝望的心理是从步入文坛就一以贯之的，甚至是日甚一日。《新生》的失败已经让他看到了结局，而客观方面《新青年》的落寞事实，也让鲁迅感到了"无可挽救的临终的苦楚"。《呐喊》小说中，无处不弥漫着这样的气息。在《呐喊》中，知识分子与大众的格格不入，代表华夏新生希望的后代几乎无一存活，如《药》中的华小栓、夏瑜。

其次，步入文坛的不自觉。钱玄同来访，想让鲁迅为《新青年》"做点文章"。因为"当时的《新青年》没有人来赞同，并且也没有人来反对"，

---

① 鲁迅：《180310致许寿裳》，《鲁迅全集（第十卷）》，人民文学出版社，2005年版，第360页。

②③ 鲁迅：《200504致宋崇义》，《鲁迅全集（第十卷）》，人民文学出版社，2005年版，第382页。

这类似于当初鲁迅办《新生》的"寂寞"处境。正是这种同是天涯沦落人的切肤之痛，为鲁迅开始为《新青年》撰稿奠定了情感基础。而钱玄同的热情劝说邀稿才是鲁迅"听将令"写作开始的直接催化剂。《新青年》创办于1915年，1916年底迁往北京。在此之前，此刊和鲁迅并无任何关系。但不料，周作人到北大工作的事情却令鲁迅与《新青年》发生了联系。1917年1月10日的日记中，鲁迅记载了自己写信给蔡元培，希望他能推荐周作人到北大任教，后来周作人果真在北大任教。《新青年》的大本营就在北大，故而才让鲁迅与《新青年》及钱玄同发生联系的可能。鲁迅在1917年9月31日的日记中提到"旧中秋也，烹鳌沽酒作夕餐，玄同饭后去。月色极佳"①。此后，鲁迅日记中多次提到钱玄同到鲁迅家造访。据日记记载统计，从1917年9月至1920年，钱玄同到鲁迅家超过35次，鲁迅接到钱玄同的书信超过12封。1918年2月到5月期间，钱玄同到鲁迅家拜访十分频繁，几乎是一个多星期就会拜访一次。可见，如此频繁的拜访，不是没有缘由，很可能是向鲁迅邀稿。《狂人日记》发表于1918年5月，创作原因是"我终于答应他也做文章了，这便是最初的一篇《狂人日记》"，可见，钱玄同5月份之前的频繁拜访很有可能是去劝说鲁迅写稿的。以"终于"二字可以看出鲁迅盛情难却的无奈之感，而并非欣然接受。"从此以后，便一发不可收，每写些小说模样的文章，以敷衍朋友们的嘱托，积久就有了十余篇。"

可见，后来成集在《呐喊》中的十多篇，也几乎都是"敷衍朋友们的嘱托"之作，而写作的心情并非如很多研究者所说的那样慷慨激昂，积极反抗。

再次，鲁迅亲自坦言写作是"听将令"的事实。在《自序》中，鲁迅承认为了避免使文章太消极悲观，"往往不恤用了曲笔，在《药》中瑜儿的坟上凭空添加一个花环，在《明天》里也不叙单四嫂子竟没有做到看见儿子的梦，因为那时的主将是不主张消极的"。如此明显的违心之笔，说明了他的绝望和言不由衷。《故乡》末尾路的是否可走，《狂人日记》末尾孩子的是否可救，鲁迅也是充满疑问的。但是，虽然他自己有"自以为苦

---

① 鲁迅:《日记》,《鲁迅全集（第十五卷）》, 人民文学出版社, 2005年版, 第296页。

的寂寞"，也不敢"传染给也如我那年青时候似的正做着好梦的青年"。

可见，《呐喊·自序》作为鲁迅回顾《呐喊》创作历程的总结性文献，系统而真挚地道明了自己步入文坛的绝望心迹，而这不仅不为那个时代人所理解，也不为当下的人所理解。鲁迅是伟大的，不在于反抗斗争的伟大，而在于对于启蒙绝望的发现和深刻的洞见。孤独和绝望，那才是真实的鲁迅。

作品来源

发表于《长城》2012 年第 04 期。

《呐喊》与西方近代小说人物形象之比较

公炎冰 邹贤尧

导 读

　　本文通过鲁迅在《呐喊》中的几个人物形象，与西方近代小说的几个相似的人物在形象方面的比较，体现出中国古典小说重故事性，而西方近代小说重人物性。

　　中国古典小说的重心是讲故事，人物多是故事的载体，人物性格也大多带有神性和传奇性。西方小说特别是 19 世纪的批判现实主义小说，多以人为表现中心，小说所叙常常是一二人之历史，成功的典型更是充满文学画廊。中外的前辈作家们已经以他们的天才和努力创造了一个又一个不朽的典型，这些光彩熠熠的典型使后来的作家一阵阵目眩。前驱作家所塑造的典型高山一样横亘在面前，要达到新的高峰，顺着已有的路子走不是良策，偏转方向，推出新的典型与先驱的典型相对偶，走得更远，是作为强者作家鲁迅开出的路子。鲁迅澄清眼前的神圣光圈，推出了一系列鲜明生动的令人难忘的典型——孔乙己、阿 Q、闰土等来与先驱们相抗衡。

一

　　知识分子形象脱胎于外国文学人物，又在性格的某个位置偏移，在结局的某一点上延续，从而拓宽了形象的意蕴。鲁迅对"狂人"形象的塑造，显然受果戈理笔下的"狂人"形象的启发。两个狂人在变态的心理、混乱的逻辑、虚妄的幻觉方面都显现出极大的相似性。但鲁迅的狂人至少在如下方面偏离了果戈理的狂人：一是疯狂的原因。果戈理的狂人的疯狂源于等级制度的压迫和失恋的打击，他所痛苦的更多的是自身的苦难，而鲁迅的狂人的疯狂源于对封建历史吃人本质的深切的思索和因之所受的深重的迫害。二是疯狂的表现。果戈理的狂人是真疯狂；鲁迅的狂人则既是真狂，又非常清醒：说的是狂语，道出的却是真理。狂人病好了以后怎样，果戈理没有告诉读者，鲁迅的狂人不再"狂"之后"赴某地候补矣"。曾经跟这个社会格格不入的无情揭露其吃人本质的狂人，一旦病好了竟然作为这个社会维护者出现，封建统治显示了顽固的同化力量。借了这样的偏移，鲁迅的狂人形象包含了比果戈理的狂人形象深广得多的意蕴。鲁迅自己就说"后起的《狂人日记》意在暴露家庭制度和礼教的弊害，却比果戈理的忧愤深广"①。

鲁迅"狂人"形象的塑造还参照了尼采的《查拉图斯特拉如是说》里的查拉图斯特拉。尼采的超人视自己之与人类如同人类之与猿猴，过于虚妄渺茫。鲁迅的狂人视吃人的人比不吃人的人何等惭愧，一如虫子的惭愧猴子。但"狂人"没有走到"超人"过于偏执和虚妄的地步，在此偏转了方向。狂人认为还有"没有吃过人的孩子"，狂人可贵的自省精神："有了四千年吃人履历的我……"，鲁迅"狂人"的诸多方面源出尼采的"超人"，又在某些点上发生了偏移，"不如尼采的超人的渺茫"②。

果戈理的《外套》以其强烈的悲剧性和巨大的批判力量，对后来的俄国文学的发展产生了深远的影响,陀思妥耶夫斯基甚至说他们"都来自"《外套》③。《外套》的主人亚卡基耶维奇呼应了普希金笔下的"小人物"形象，开启了契诃夫、陀思妥耶夫斯基等人对"小人物"的关注。在一定程度上我们也可以说鲁迅的许多小说来自《外套》。比如，孔乙己又破又脏的长衫和亚卡基耶维奇又旧又破的外套，都是人们嘲笑的对象，都成为主人公的命运的见证。《外套》的影响既然巨大，亚卡基耶维奇的形象所蕴含的意义又那样的深远，要与之比肩或超越它，必须开出新的路子。契诃夫转

①②　鲁迅:《且介亭杂文二集·〈中国新文学大系〉小说二集序》。
③　转引自《外国文学史》。

向对更为琐碎、更为平凡的日常小事的开掘，陀思妥耶夫斯基找到"显示灵魂的深"的方法，鲁迅以自己的方式，实现着对平凡生活的开掘和对灵魂的深度显示，比如白描，比如画眼睛，比如"杂取种种合成一个"。《孔乙己》也许不如《外套》来得影响深远，但就人物形象而言，孔乙己较之亚卡基耶维奇似乎更具艺术魅力，更给人深刻印象，更显示着灵魂的深。亚卡基耶维奇更多的是可悲可怜，是被污辱被损害的小人物。鲁迅则没有单纯表现孔乙己的可悲可怜之处，甚至偏转到相反的方向，把孔乙己写成好吃懒做（而不是勤俭攒钱），偶尔偷窃（不是被抢）的人，拷问出他善良后面卑琐的一面，正直后面的缺点。如果说亚卡基耶维奇属于福斯特所说的"扁平人物"，孔乙己则是"圆形人物"。

二

农民形象的塑造受外国作品的启发，但其命意和艺术的概括力又出于他们之右。《呐喊》由于旨在唤醒沉睡的国民，所以把表现的重心放在了农民的身上，这中间最令人注目的是阿Q。阿Q在生活中可以找到原型，另外很可能受到显克微支《炭画》的主人公勒巴形象的启示。显克微支是鲁迅所喜爱的作家之一，"记得当时最爱看的作者，是俄国的果戈理和波兰的显克微支"[1]。《炭画》便是为鲁迅和周作人所翻译。鲁迅在翻译《炭画》的过程中很可能就在酝酿阿Q的形象。

鲁迅以对偶的方式通过阿Q来延续勒巴形象的时候，走到了显克微支远远不曾达到的地方。显克微支还只是把他的主人公当作被迫害、被侮辱的愚昧农民的典型来塑造，突出其勤劳中的愚拙。而鲁迅塑造阿Q，是为了要"写出一个现代的我们国人的灵魂来"[2]。显克微支塑造勒巴形象时匀出很大一部分笔力来叙述一个完整曲折、悱恻动人的故事。勒巴形象显得相对单薄。鲁迅则倾注全部笔墨刻画阿Q的灵魂，不惜以情节的冲淡来强

---

[1] 鲁迅:《南腔北调集·我怎么做起小说来》。
[2] 鲁迅:《俄文译本〈阿Q正传〉序及著者自叙传略》。

化人物形象。阿Q典型既是对勒巴形象的延续扩充，对勒巴形象的超越，又是对陀思妥耶夫斯基《两重人格》中的高略德金的偏移和补充。高略德金主要是在疯狂中爆发精神胜利的品格，侧重于病态的自尊心所造成的内心分裂。鲁迅的阿Q在这一点上转了个向，他更多的是在常态中显现其精神胜利法，在日常生活中陶醉于假想的胜利，这是精神胜利法的一般现象，这就更显示出阿Q的精神胜利品格之根深蒂固及其普遍性，显得真实贴切，使每个人都可以从中照出自己的影子，"由此开出反省的路"①。陀斯妥耶夫斯基本人称高略德金"在自己的社会重要性方面是一个伟大典型"，"而这个典型是我第一个发现并将其表现出来的"②。又说："高略德金高于穷人十倍以上。"吉尔波丁也说："陀思妥耶夫斯基在高略德金形象中寻找很多重要问题的解释，寻找了解很多人的品格的钥匙，寻找这一表现了人们的见解和行动的著名形象的根据。"④。鲁迅推出阿Q来，高略德金这一伟大典型继续保持其伟大，但却失去了其独创性。鲁迅把阿Q的精神胜利法概括得这样丰富，这样多侧面，阿Q的精神胜利性格辐射得如此开阔，以至于使高略德金的形象相对弱化了。

《药》中的华老栓同样是鲁迅在安特莱夫人物的基础上加以陌生化的形象。安特莱夫的《齿痛》写耶稣被钉上十字架之日，正值商人般妥别忒齿痛之时，对于人类救世主的被杀害，他漠然无所感触，而深痛于自己的一时的牙疼，欣喜于牙痛的减轻以及用一匹老驴换了一匹壮驴，还一面津津有味地与人谈着自己的牙痛，一面去看钉死的耶稣。鲁迅曾经直接采用《齿痛》所用的题材，写成散文诗《复仇》，正面描写耶稣被钉上十字架时的情景和心理。《药》则可以说间接借用了《齿痛》的题材及人物表现。为了要把类似的题材和人物取为己用，鲁迅使华老栓的形象变得陌生，不似般妥别忒的自私可笑，而在自私狭隘当中夹了忠厚老实，显得可卑可怜；不似般妥别忒的津津有味地谈论自己的牙痛，而是忌讳别人说"疡病"两个字。华老栓形象在般妥别忒的某些点上转了向，又在形象所承载的意义

① 鲁迅:《答〈戏〉周刊编者信》,《且介亭杂文》。
②③ 《陀思妥耶夫斯基书信集》。
④ 吉尔波丁:《陀思妥耶夫斯基的创作道路》。

上有了深远的延续；华老栓这样计较个人得失结果又怎样？结果是悲剧同样降临到自己身上，儿子华小栓吃了人血馒头反而病重死去。

三

群众、看客形象的刻画基于鲁迅弃医从文之初所看幻灯片的强烈刺激和安特莱夫等人作品的启迪，而在表现的广度和深度上，又都在安特莱夫等人之上。鲁迅一度翻译了安特莱夫的两个短篇小说《谩》和《默》，收入《域外小说集》，以后又对安特莱夫的其他作品表现了极大的关注。周作人就说，鲁迅"深好安特莱夫"，在《域外小说集》所选择的外国诸作家中，他"最喜欢的是安特莱夫"[①]。而安特莱夫的大部分作品，表现了一个基本的主题：人与人之间的彼此隔膜、互不了解。反复出现同一群形象：看客。剧本《邻人之爱》围观青年跳崖的老爷、太太、摄影师、新闻记者、音乐家、牧师、商人，《齿痛》中去看钉死的耶稣的牙痛病患者般妥别忒及其他人。

同样的主题和形象在鲁迅的作品中得到了执拗的对偶和有力的延续。鲁迅最初弃医从文时所激愤的"毫无意义的示众的材料和看客"，在他以后的创作实践中一再地得到表现。《狂人日记》中，从赵贵翁到大哥，从路人到孩子，从陈老五到医生，都带了怪异的眼色，或看或笑或议论狂人。《孔乙己》里，孔乙己的又破又脏的长衫，脸上的伤痕，迂腐的神气，被打折的腿，都成为酒客和掌柜甚至小伙计"我"打趣逗笑玩味鉴赏的对象。《药》里边精心描绘了看夏瑜被杀头的人们的形象，"颈项都伸得很长，……"，又着墨铺排众茶客对夏瑜的非议。《明天》里红鼻子老拱和蓝皮阿五在帮助的幌子下赏玩单四嫂子的失子之痛。《风波》的七斤因为被剪掉辫子，"皇帝坐龙庭"的消息带给他厄运，村人们幸灾乐祸。《阿Q正传》的群众始终是阿Q一生遭遇的冷漠的旁观者。看客的麻木不仁、愚昧落后被鲁迅表现到无以复加的程度，对看客形象的表现是安特莱夫的优先权，但迟来的鲁迅由于其更为深远的开拓和更为丰富的表现克服了这"优

① 知堂：《关于鲁迅之二》。

先"。如果说孔乙己作为"示众的材料"在死后连"饭后的谈资"也没够上，夏瑜则被推向另一个极端，他死了也不被放过，刽子手借此发财，老百姓借此治病，众茶客借此解闷。阿Q既是"示众的材料"，又是"示众的看客"，"似乎打的是自己，被打的是别一个自己"，阿Q不仅作为精神胜利的典型，也作为看客的典型得到鲁迅着力的表现。

鲁迅又以丰富多样的笔法来描绘看客的形象。或侧面描写，如《药》里对看夏瑜杀头的人的描绘。或正面刻画，如《阿Q正传》中人们对阿Q与小D龙虎斗，阿Q与王胡扭打等的玩赏。或以见证人旁观者出之，如《孔乙己》里以小伙计"我"的眼光看酒客们对孔乙己的取笑。或以主人公当事出之，如《阿Q正传》里阿Q被游街杀头时，以阿Q的视角带出看客们的形象"……两旁是许多张着嘴的看客"，"全跟蚂蚁似的人"，"阿Q于是再看那些喝采的人们"。或借动物形象烘托，"阿Q游街时，人丛里发出豺狼的叫一般的声音；阿Q的脑子里出现四年前遇见饿狼的景象，出现又凶又怯的鬼火一样的狼眼睛"。或如安特莱夫的《一个小人物的忏悔》里的哲理性议论，如《阿Q正传》文末的剖析："至于舆论，在未庄是无异议……而城里的舆论却不佳，他们多半不满足……"

我们看到这样一个奇异现象，安特莱夫对看客形象的表现看上去似乎并不预示后来的鲁迅的出现，反过来倒像是鲁迅获得了领先于安特莱夫的地位，时间的专制独裁几乎被推翻，安特莱夫打了鲁迅的旗号回归了，安特莱夫借了鲁迅得以重放光彩。所以这样说，是因为安特莱夫《邻人之爱》的看客形象似乎显得疏略、戏剧性强和漫画化了些，《齿痛》里观看耶稣被杀的般妥别忒及其他人远不如鲁迅概括得充分丰富。

前驱者被后来作家更伟大的光芒所削弱，似乎倒是后来作家被前驱者所模仿，这是影响过程中的最高层次。鲁迅对于知识分子形象、农民形象、群众看客形象的塑造，便是进入了这个境界。

作品来源

发表于《河北学刊》2000年第04期。

"原来死住在生的隔壁"
——从夏目漱石《虞美人草》的角度阅读鲁迅小说《明天》

张丽华

导　读

　　鲁迅的短篇小说《明天》形式完熟，却一直被认为是一篇内容简单之作。将之置于夏目漱石《虞美人草》的延长线上，并从"思想小说"的角度来解读，小说中平行并立的空间形式——咸亨酒店与间壁的单四嫂子家，可以视为是对夏目小说中"原来死住在生的隔壁"这一观念的演绎。如果说《明天》的空间结构暗示了人与人之间的伦理，那么它的时间形式——以小说标题的形式凸显的从"暗夜"到"明天"的具有主体性的行为，置于鲁迅当时的进化论思想背景中，则指涉着生命进化的宇宙（Natur）过程。在社会批判的框架之外，《明天》还以"死亡"为媒介，在其小说的时空形式之中，巧妙地蕴含了鲁迅的进化论思想中"Natur"之道与"人"之道的内在争辩。

　　在鲁迅的小说序列中，叙述了寡妇单四嫂子失去孤儿的短篇小说《明天》，通常被视为一篇在故事和人物上偏于简单的作品；这种内容上的"简单"，与这篇小说形式上的完整与精巧，如韩南（Partrick Hanan）在《鲁迅小说的技巧》中曾分析过的叙述者超然在上的"反语"技巧，与《药》相似的并列对照结构①以及简练而具诗意的语言，凡此皆可视为鲁迅小说有代表性的特质，形成了鲜明的反差。李长之在 1936 年所著《鲁迅批判》中曾直觉地意识到这一点，他认为《明天》与《呐喊》集中的另一篇小说《鸭的喜剧》是属于同类的作品——"技巧极到，反而惹起我们对于内容的贪

---

　　① ［美］帕特里克·韩南:《鲁迅小说的技巧》，张隆溪译，乐黛云编，《国外鲁迅研究论集（1960—1981）》，北京大学出版社，1981 年版。

梦来，于是感觉这两篇的单薄"①。施蛰存在 20 世纪 40 年代曾试图从分析单四嫂子隐微性心理的角度，对这篇在技巧上足以示范后学的《明天》赋予新解，但这一"新解"旋即遭到来自各方的批评，最后他自己也不得不承认其阐释乃是"过度的劳力"②；最终，《明天》仍然被理解为描写了孤儿寡妇的"很简单的一个人生小悲剧"。陈西滢在回应文章中的评价——"它的动人处，就在单四嫂子的孤寂，空虚，无法根除的绝望"③，基本被文学史接受下来，并延续至今。

《明天》写于 1919 年 6 月末或 7 月初④，发表于同年 10 月《新潮》2 卷 1 号，在写作时间上与技巧完熟的《药》仅隔两个月，从经验上来讲，不能简单地视为鲁迅的练笔之作。那么，鲁迅为何要用完整而精巧的形式，来表达一个如此"简单"的主题？换言之，在小说完整而精巧的形式之中，是否还蕴涵着我们尚未阐明的意义？鲁迅自己曾坦言，"我的来做小说，……大约所仰仗的全在先前看过的百来篇外国作品和一点医学上的知识"⑤；其短篇小说的"创造"，必须置于他所身处的世界文学的上下文中来探讨，才能得以充分的阐明，这一点已得到越来越多研究者的认同。本文拟引入一部鲁迅在留日时期曾热烈追踪的小说——夏目漱石 1907 年连载于《朝日新闻》的《虞美人草》一作为"上下文"，从分析小说时空结构的修辞意义入手，重新解读《明天》，力求做出一个与其形式的完成度相符的阐释；并希望在此基础之上，将这篇长久以来不太被重视的小说，纳入对于鲁迅文学与思想体系的总体考察之中，对鲁迅小说与写实主义的离合，鲁迅思想中关于"进化论"的内在争辩，以及启蒙者鲁迅与文学者鲁迅的互文关系等问题，有所辨析。

①　李长之：《鲁迅批判》，北京出版社，2003 年版，第 100 页。
②　施蛰存：《文艺作品解说之一：鲁迅的〈明天〉》，《国文月刊》，1 卷 1 期，1940 年；《关于"明天"》，《国文月刊》第 11 期，1941 年。
③　陈西滢：《"明天"解说的商榷》，《国文月刊》，1 卷 5 期，1941 年。
④　鲁迅：《明天》，《鲁迅全集（第 1 卷）》，人民文学出版社，2005 年版，第 480 页。
⑤　鲁迅：《我怎么做起小说来》，《鲁迅全集（第 4 卷）》，第 525—526 页。

一、《虞美人草》与夏目漱石的"悲剧"观

鲁迅在《我怎么做起小说来》中回忆自己青年时代的文学阅读，说他当时最爱看的作者"是俄国的果戈理（N. Gogol）和波兰的显克微支（H. Sienkiewitz）。日本的是夏目漱石和森鸥外"①。关于鲁迅对夏目漱石的阅读与爱好，周作人还有一番更详尽的回忆：

> 他对于日本文学不感什么兴趣，只佩服一个夏目漱石，把他的小说《我是猫》、《漾虚集》、《鹑笼》、《永日小品》，以至干燥的《文学论》都买了来，又为读他的新作《虞美人草》定阅《朝日新闻》，随后出版时又去买了一册。②

对明治文坛上的日本文学不甚关心的鲁迅，却对夏目漱石评价极高，且几乎保持了终生的兴趣③，这与他留日时期的阅读体验是分不开的，而他对当时的报载小说——《虞美人草》的追踪阅读，乃是其中的重要一环。

《虞美人草》是夏目漱石辞去东京大学教职、入《朝日新闻》社后以职业作家身份所著的第一部长篇小说，它分127回，在1907年6月23日至10月29日东京和大阪的《朝日新闻》上连载。已著有《哥儿》《我辈是猫》《草枕》等作品、在文坛上小有名气的夏目漱石，突然辞去大学教职改行入报社，在当时已成为舆论热点。《虞美人草》书名预告一出，立即引起关注，有百货公司开始出售"虞美人草浴衣"，珠宝商亦推出"虞美人草戒指"，一时热闹非凡；作品刊出之后，有关作者和作品人物的话题，亦持续成为媒体报道的热点④。在这股因夏目漱石的文学声名以及报刊媒体的共同制造所形成的"《虞美人草》热"中，1906年从仙台转学到东京的中国留学生鲁迅，

---

① 鲁迅：《我怎么做起小说来》，《鲁迅全集（第4卷）》，第525—526页。
② 周作人：《画谱》，《鲁迅的故家》，河北教育出版社，2002年版，第315页。
③ 关于鲁迅与夏目漱石文学上的事实关联以及鲁迅的"漱石观"，参阅藤井省三《ロシァの影：夏目漱石と鲁迅》，东京平凡社，1985年版，第187—204页。
④ 何乃英：《夏目漱石和他的小说》，北京出版社，1985年版，第83—84页；王成：《论夏目漱石的新闻小说——〈虞美人草〉》，《日语学习与研究》第3期，2003年。王成指出，小说中的人物"小野清三"的原型，在当时即引起诸多猜测，有文章认为是厨川白村。

便是其中的热心读者之一。刚到东京不久并一起住在本乡汤岛下宿中的周作人，见证了鲁迅对这部小说的热情追踪："（鲁迅）平常所看的是所谓学生报的《读卖新闻》，这时也改定了《朝日》，天天读《虞美人草》，还切拔了卷起留着。"①对于这段东京留学的阅报情形，鲁迅在《范爱农》一文中也吐露了若干消息：

> 在东京的客店里，我们大抵一起来就看报。学生所看的多是《朝日新闻》和《读卖新闻》。（中略）一天早晨，劈头就看见一条从中国来的电报，大概是："安徽巡抚恩铭被 Jo Shiki Rin 刺杀，刺客就擒。"

徐锡麟刺杀安徽巡抚的新闻报道，出现在 1907 年 7 月 8 日和 9 日的东京《朝日新闻》上②，这正是《虞美人草》在报纸上连载的时期，鲁迅天天追踪阅读，于此亦能得到佐证。

讨论鲁迅与夏目漱石的思想与文学关系，日本学者平川祐弘、桧山久雄、藤井省三做出了重要的开创性贡献；20 世纪 80 年代以降，中国学者林焕平、刘柏青、程麻、王向远等亦有相关论述文章；近些年来，还有藤田梨娜、李国栋、潘世圣、冈庭升等学者的研究专著陆续出版③。鲁迅与作为日本"国民作家"的夏目漱石，在 19、20 世纪之交相似的时代状况中，各自面对着自身民族文化如何"现代"的课题，以文学的方式做出了极为深刻同时也极具个性的回应，加上鲁迅对夏目漱石在事实上的文学阅读，二者在思想和文学上的比较研究，无疑具有丰富的探究空间。然而，上述已有研究，无论是平行比较，还是基于事实关联的影响研究，关于《虞美人草》与鲁迅文学之关系的讨论，却基本付之阙如。

《虞美人草》是一部以"俳句连缀式"的文体写成的长篇作品。它共分19 章，其故事以一种明快的、颇具戏剧性的方式，在三对年轻人的"恋爱"与"道义"之战中展开：甲野与藤尾是同父异母的兄妹，甲野的父亲去世

---

① 周作人：《明治文学之追忆》，《立春以前》，河北教育出版社，2002 年版，第 70 页。
② 《范爱农》"注释 2"，《鲁迅全集（第 2 卷）》，第 328 页。
③ 中日学界关于"鲁迅与漱石"这一议题的研究史，可参阅潘世圣《鲁迅·明治日本·漱石：影響と構造への総合的な比較研究》，第 157—175 页，东穿汲古书院，2002 年；藤田梨那《中国现当代文学中的跨文化书写》，中央编译出版社，2013 年，第 55—57 页。

之后，藤尾之母希望能为藤尾招赘，以继承家产，甲野成为她最大的障碍；宗近与丝子是另一对兄妹，甲野父亲在世时，曾将藤尾许配给宗近，宗近与甲野是同窗好友，而妹妹丝子则暗中爱慕着甲野；小野是孤儿，他年轻时曾受到孤堂老人的照顾并在他的资助下完成中学学业，他与孤堂老人的独生女小夜子原本是一对有婚约的恋人。小说的故事从小野在东京以优异的成绩毕业、获得天皇御赐的银怀表，并与富于诗趣的富家小姐藤尾渐生情愫、陷入不可自拔的恋爱关系这一时间点开始。如鱼得水地生活在东京所代表的"文明"世界，并对自己的未来充满信心的小野，突然遇到了"过去"的纠缠：孤堂老人带着小夜子从京都来到东京投奔小野，并希望缔结婚约。急于摆脱"过去"、追随文明开化的小野，托人去向孤堂老人解除他与小夜子的婚约；此时，具有东洋国士一般气概的道义之士宗近与他的父亲出面干涉，阻止了小野的退亲行为，并在藤尾面前介绍了小野的未婚妻小夜子；而原本与小野相约奔赴大森幽会的藤尾，则在急转直下的局面下，"喝下虚荣的毒药与世长辞"[①]。

小说的结构采用了一种具有对称意味的"涡线状"形式：前六章中，甲野、宗近所代表的"自然"和"道义"的世界（一、三、五）与藤尾、小野以及藤尾之母所代表的"我执"和"文明"的世界（二、四、六），分别交替在京都和东京各自发展，在第七章中，甲野、宗近与孤堂、小夜子两条线开始在由京都开往东京的火车上偶然交叉，此后的情节展开则由这一涡卷开始：在此，"文明"的世界与"过去"的世界相遇；随后，"我执"的世界与"道义"的世界开始对阵；不同世界的交织重叠，在第十一章甲野、藤尾、宗近、丝子一行与小野、孤堂老人、小夜子一行不约而同地参与的博览会中达到高潮，同时也蕴藏着冲突爆发的危机；最终，以藤尾之死为契机，"道义"战胜了"我执"——徘徊在"文明"世界的小野选择了来自"过去"的小夜子，只为一己私利打算的藤尾之母也幡然醒悟。

《虞美人草》刊出的1907年，正是自然主义作为一种摩登的文学潮流登上明治文坛之际。从源自西方小说的写实主义（realism）角度来看，这

---

① 夏目漱石：《虞美人草》，茂吕美耶译，北京联合出版公司，2013年版。

部小说存在着文辞过于雕饰、人物格式化，以及勉强为了观念而使得情节发展略显生硬等种种问题。当时的评论家对它提出了激烈的批评：如唐木顺三认为这是一部"充斥着美字丽句、颇具匠气的小说"①；自然主义文学家正宗白鸟则认为作者的道德意识过于强烈，透露出一种"劝善惩恶"的古旧的文学意识形态②。不过，从夏目漱石的角度来看，他从来就不曾认可自然主义的文学主张。柄谷行人曾指出，夏目漱石的整个书写，乃是一种针对以表现自我和写实主义为诉求的"现代小说"的斗争，具有从根本上摧毁这一文类的功效③。尽管夏目漱石在以后的小说作品中，放弃了《虞美人草》中苦心经营的、"俳句连缀式"的文体，风格为之一变；但作为其职业作家生涯中的"处女作"，这部小说仍然具有某种"原点"的意味，它开启了夏目漱石后续作品中诸多问题的根苗，如男女间的爱情与正义、道义与诚实、生与死，等等；其中，幽暗的"过去"不断纠缠着现时的主人公这一主题与构造，也在作者后来的小说，如《门》《明暗》《道草》中不断重现。

作为读者的鲁迅，在当时对《虞美人草》究竟有何种阅读感受，我们无从揣测。几乎搜罗了夏目漱石早期全部著作的鲁迅，此后对夏目漱石形诸文字的评论，却显得意外地节制，《现代日本小说集》中《关于作者的说明》"夏目漱石"条，是他唯一成文的文章；而周作人在回顾了一番鲁迅东京时代的阅读之后，则留下了"他为什么喜欢夏目漱石，这问题且不谈，总之他是喜欢"④这样欲言又止的评论。不过，从鲁迅对日本自然主义文学的"不

---

① 唐木顺三：《漱石概观》（昭和六年），引自平冈敏夫：《〈虞美人草〉论》，《夏目漱石》（日本文学研究资料丛书），有精堂，1973年版，第160页。
② 桶谷秀昭：《解说》，《虞美人草》，岩波书店，2007年版，第423页。
③ 柄谷行人：《日本现代文学的起源》，赵京华译，三联书店，2006年版，第175—193页。此外，平冈敏夫也指出，《虞美人草》中的"人间"、"恋爱"，与西欧小说的写实主义，在根本上乃是异质之物；所谓的"劝惩"，在"善"与"恶"的对立之外，还并置着"过去"与"文明"的对峙，它包含了夏目漱石对日本明治开化以来试图完全抛弃和侮蔑"过去"、一味学习西方的"文明"意识的激烈批判；在他看来，不同于西方写实主义小说的《虞美人草》，蕴含着出类拔萃的作为小说方法的多种可能性（平冈敏夫：《〈虞美人草〉论》，《夏目漱石》，第166—168页）。
④ 周作人：《画谱》，《鲁迅的故家》，第315页。

甚感兴味"①来看,他显然与夏目漱石站在同样的立场上。至于《虞美人草》留给读者鲁迅的具体印记,我们或许可以在此后鲁迅文学的"回声"之中,探测一二。在笔者看来,以对称结构叙述了热闹的咸亨酒店间壁单四嫂子凄凉地失去宝儿的短篇小说《明天》,可以视为鲁迅对《虞美人草》的"应答"之一。

在《虞美人草》的结尾,一直旁观着事情进展的甲野,在日记中阐述了一番以死为契机促使"道义"回归的"悲剧"理论,点出了小说的主旨所在:

> 人生的问题多得无以计数。吃小米或大米,是喜剧;从工或从商,也是喜剧;选择这个女人或那个女人,亦是喜剧;(中略)所有的一切都是喜剧,只剩最后一个问题——生或死?这是悲剧。

> (中略)

> 当道义观念衰退至极致,无法继续撑持追求生的万人社会时,悲剧会突然发生。这时,万人的视线才会各自移向自己的出发点——方始明白原来死住在生的隔壁。②

在甲野看来,人世间的芸芸众生汲汲关注的皆为"吃小米或大米"这样琐屑的"生"的问题,却忘记了"生"乃是与"死"相对的存在;悲剧的震慑力就在于,其中突如其来的死亡的降临,能够让众人正襟肃容地面对生命,从而让被世间所放逐了的"道义"得以回归。《虞美人草》基本是围绕这一日记所表达的思想展开的。夏目漱石在写作这部小说的时候,就曾在给弟子小宫丰隆的信中明确表示"我的整篇小说就是为了说明这个(哲学的)理论"③。小说最后的藤尾之死,正是为了实现这一理论

---

① 周作人在《关于鲁迅之二》中指出,鲁迅留学东京时,"对于日本文学当时殊不注意,森鸥外,上田敏,长谷川二叶亭诸人,差不多只重其批评或译文,……至于岛崎藤村等的作品则始终未曾过问,自然主义盛行时亦只取田山花袋的《棉被》,佐藤红绿的《鸭》一读,似不甚感兴味。"(周作人《瓜豆集》,河北教育出版社,2002年版,第167页。)

② 夏目漱石:《虞美人草》,茂吕美耶译,北京联合出版公司,2013年版。

③ 1907年7月19日致小宫丰隆,《漱石全集》第12卷《书简集》,漱石全集刊行会,1925年版,第668页。

构造的产物：小野与藤尾之母，均在突如其来的"死亡"的震慑之下，回归了"道义"。对此，小说在第一章末尾处宗近与甲野的一段谈话中实已埋下伏笔：

> "人间万事都如梦吗？真受不了。"
>
> "只有死亡是真实的。"
>
> "我还不想死。"
>
> "不与死亡相撞，人往往改不掉心浮气躁的毛病。"
>
> "改不掉也好，我可不想与死亡相撞。"
>
> "就算不想，死亡也会来临。等死亡来临时，才会恍然大悟事情原来如此。"
>
> "谁会恍然大悟？"
>
> "喜欢耍花招的人。"[①]

所谓"喜欢耍花招的人"，正是自私自利同时又让人捉摸不透的藤尾之母。基于这样的情节构造，我们可以将甲野日记中表达的思想，视同于（隐含）作者夏目漱石所持的观念。

夏目漱石这番以死亡为契机的"悲剧"效果说，脱胎于其不久前出版的《文学论》。《文学论》以阐明"F（代表焦点的印象或观念）+f（代表附随那印象或观念的情绪）"的文学原理贯穿始终，其中有一节专门讨论观众／读者对悲剧的接受和阅读（亦即附随悲剧的 f）。在夏目漱石看来，人们之所以对所谓的"痛苦文艺"悲剧感兴趣，是因为惟有痛苦的强烈刺激，才能让人意识到自己生命的存在。他引了一段拜伦的《高加索的囚徒》中的诗句，说明囚人最怕的是暗室禁锢，因为"做着生命之内容的活动的意识，绝对被禁止"，并指出：

> 与其为无日无夜，无时间无空间，只像一块石头，宁可自觉痛苦，获得判然的生命之确证，这是人之常情。[②]

这一以"痛苦"与"存在"的悖论（paradox）为根基的悲剧理论，可

---

① 夏目漱石：《虞美人草》，茂吕美耶译，北京联合出版公司，2013 年版。
② 夏目漱石：《文学论》，张我军译，上海神州国光社，1931 年版，第 235—236 页。

以视为夏目漱石对亚里士多德"净化"（catharsis）说的独特阐释：在此，悲剧所表现的引起怜悯和恐惧的事件，被具体化为"死亡"；而所谓"净化"（情感陶冶）的功效，则被"翻译"成对生命存在的意识。

夏目漱石在《文学论》中对悲剧的讨论，虽然只是撮合了各种西洋学说的文学心理学解释，根基上却有着一种深刻地对于生命与存在的虚无意识；"痛苦"与"存在"的悖论，以及"死"与"生"的辩证，皆建立在这一虚无意识的基础之上。上文所引《虞美人草》中宗近与甲野的对话——"万事如梦"，"只有死亡是真实的"，亦透露出这一虚无底色。鲁迅在《野草》"题辞"中所表达的在死亡与朽腐中才能体会生命的"存活"以及"非空虚"[①]，明显有着这一虚无哲学的影子；而他在《野草》的最后一篇《一觉》中，更是明确写出了回声一般的"死"与"生"的辩证：

> 我常觉到一种轻微的紧张，宛然目睹了"死"的袭来，但同时也深切地感着"生"的存在。[②]

回到《虞美人草》的甲野日记。夏目漱石认为，悲剧让"道义"回归的动力，在于它能以突如其来的死亡促使人们反思生命的终极意义；在这里，"道义"乃是与自然生命的存在相始终的"第一义"的律令，或者说是生命与生命之间的契约（"由于万人欲抛弃死的观念一致，才订下彼此须守道义的默契"），它被遵守的前提，就在于时刻保持一种体认生命限度的紧张意识，在此，他用了一个形象化的比喻——"方始明白原来死住在生的隔壁"。可以说，以死亡为契机，夏目漱石通过《虞美人草》表达了他对于生命／道义存在的本质及其意义的理解与探寻。从这一角度来阅读鲁迅的小说《明天》，不难发现，这一作品几乎正是《虞美人草》中甲野日记延长线上的产物：在咸亨酒店与间壁的单四嫂子家这两个平行并立的空间里，不正是一个上演着熙攘的"生"之喜剧，一个则上演着寂静的"死"之悲剧么？

---

① 鲁迅：《〈野草〉题辞》，《鲁迅全集（第2卷）》，第163页。
② 鲁迅：《一觉》，《鲁迅全集（第2卷）》，第228页。

二、作为"思想小说"的《明天》

鲁迅在《明天》中设置了两个平行并立的空间：熙熙攘攘的咸亨酒店与间壁寂静的单四嫂子家。小说主体部分叙述了短短两天之内，寡妇单四嫂子的宝儿从生病、就医到死亡、下葬的凄凉过程，但这一过程若有若无地伴随着隔壁咸亨酒店的酒客们——"红鼻子老拱"与"蓝皮阿五"——的谛听、观看和议论。韩南在分析鲁迅小说的反语技巧时，将《明天》与《药》联系起来，认为他们的主要结构是并列性反语，在他看来，《明天》中咸亨酒店的酒客们贯穿始终的小曲，可谓对于隔壁发生的悲剧的评注，酒客们与单四嫂子和他的孩子其实没有什么关系，咸亨酒店的作用，在于与单四嫂子家里的悲剧形成反语的对照[1]。韩南这一洞察十分敏锐，不过他没有进一步分析这一并列反语所可能产生的内涵意味。

从写实小说的角度来看，《明天》写单四嫂子失去儿子的悲恸，不如《祝福》中祥林嫂的生动，而因单四嫂子的愚昧就医而导致儿子很快夭亡，这一情节线索也不如《药》的鲜明。周作人曾指出，《明天》在宝儿的丧事以及咸亨酒店的开店时间等细节上，均存在着与绍兴习俗和事实不符的虚构成分，并断言：

> 《明天》是一篇很阴暗的小说。……这里并没有本事与模型，只是著者的一个思想借着故事写了出来，所以这与写实小说是不一样的。[2]

周作人这一尚未被学界充分关注的说法，值得重视。鲁迅小说与"现实主义"的关系，历来是一个聚讼纷纭的话题。这里既存在着对鲁迅小说的不同理解，更多的乃是对"现实主义"的纷纭解释。在此，我们暂且搁置现实主义作为一个文学史上的时期概念——指涉 19 世纪以来席卷欧美的一场小说运动——的规定性内涵[3]，以及鲁迅小说与这一特定现实

---

[1] ［美］帕特里克·韩南：《鲁迅小说的技巧》，张隆溪译，乐黛云编《国外鲁迅研究论集（1960—1981）》，北京大学出版社，1981 年版。

[2] 周作人：《何小仙》，《鲁迅小说里的人物》，河北教育出版社，2002 年版，第 35 页。

[3] 关于作为"时期概念"的"现实主义"的种种涵义，参阅韦勒克：《文学研究中的现实主义概念》，张今言译《批评的概念》，中国美术学院出版社，1999 年版，第 214—245 页。

主义潮流之间的关联问题；就现实主义作为一种抽象的美学形式（为区别起见，本文将之表述为"写实主义"）而言，则韩南、安敏成（Marston. Anderson）、李欧梵等学者已指出，鲁迅小说与"写实主义"的诗学成规之间，存在着不少差异、抵牾乃至对抗的地方①。对《明天》来说，相对于它所再现的鲁镇人们的生活与经验本身，周作人说到的"著者的一个思想"，对于这篇作品自身的生成，以及读者对其内涵的理解而言，显然更为重要。那么，鲁迅究竟是以何种"思想"为基础演绎了这篇小说呢？

《明天》对单四嫂子失去宝儿的描写，在周作人看来，可能叠加着鲁迅儿时所经历的"父亲的病"以及四弟的夭亡等经验的存在②；台湾学者彭明伟则指出，梭罗古勃的寓言诗《蜡烛》所呈现的孤独、死亡的意象及其复沓的结构，有可能对《明天》的构造起到了借鉴的作用③。上述说法皆言之成理。不过，如果从"思想"演绎的角度来看，鲁迅在《朝花夕拾》的《无常》中所写的目连戏的一个唱段，与《明天》中单四嫂子的故事，有着更为近似的构造。这是在绍兴目连戏中，鲁迅所喜爱的"无常"出场后自述履历的一段：

"…………

大王出了牌票，叫我去拿隔壁的癞子。

问了起来呢，原来是我堂房的阿侄。

生的是什么病？伤寒，还带痢疾。

看的是什么郎中？下方桥的陈念义 la 儿子。

开的是怎样的药方？附子，肉桂，外加牛膝。

第一煎吃下去，冷汗发出；

第二煎吃下去，两脚笔直。我道 nga 阿嫂哭得悲伤，暂放他还阳半刻。

---

① 参阅［美］帕特里克·韩南：《鲁迅小说的技巧》，张隆溪译；［美］安敏成：《现实主义的限制——革命时代的中国小说》，姜涛译，江苏人民出版社，2001 年版，第 80—96 页；李欧梵：《铁屋中的呐喊》，尹慧珉译，河北教育出版社，2000 年版，第 45—64 页。

② 周作人：《何小仙》，《鲁迅小说里的人物》，河北教育出版社，2002 年版，第 35 页。

③ 彭明伟：《周氏兄弟的翻译与创作之结合：以鲁迅〈明天〉与梭罗古勃〈蜡烛〉为例》，《鲁迅研究月刊》第 9 期，2008 年版。

大王道我是得钱买放，就将我捆打四十！"①

"无常"是绍兴民间传说与迎神赛会中"鬼物"的一种，他是可以自由地来往于阴司与人世之间、专管"勾摄生魂的使者"。这一唱段讲的是"无常"在当差过程中所犯的一个过失，但同时也将他如何"勾摄生魂"——充当"生"与"死"的使者——形象地写了出来。

将《明天》的情节与这段戏文进行比较，就会有趣地发现，从宝儿的生病，单四嫂子的求医、抓药再到宝儿因医治无效而死去的整个过程，与这一目连戏唱段对"死亡"的演绎极为相似，二者在细节上亦具有奇妙的可比性：《明天》没有写明宝儿的病，据何小仙诊断，既有"中焦塞着"，又有"火克金"，这与"无常"的阿侄所得的"伤寒，还带痢疾"，在结构上颇为相似；而单四嫂子求诊的"何小仙"，周作人指出，与为鲁迅父亲医病的何廉臣（《朝花夕拾》中称作陈莲河）有连带的关系②，何廉臣乃当时的绍兴名医，那么，在名医或名医世家的意义上，"何小仙"也就与这里"下方桥的陈念义（即嘉庆道光年间的绍兴名医陈念二）la 儿子"有了奇妙的同构性；至于药方，则《明天》中的"保婴活命丸"不如这里的"附子，肉桂，外加牛膝"来得具体，其药效当然可想而知：宝儿在午后吃下药，甚至来不及吃第二煎，到得下午，就"鼻子上都沁出一粒一粒的汗珠"，很快地他的呼吸就"从平稳变到没有"了。

鲁迅在《无常》中指出，作为鬼物的"无常"，在佛教典籍中实在是"于古无征"，大概只是"人生无常"的意思传到中国之后，人们将之具象化了的产物；因此，迎神赛会中"无常"的扮相——"浑身雪白"、戴着"一顶白纸的高帽子"、拿着破芭蕉扇，以及他在目连戏中的唱词，其实都是民众对于死亡的态度和观念的形象化表达。后来在《女吊》一文中，鲁迅将"无常"所象征的态度解释为"对于死的无可奈何，而且随随便便"③；

---

① 鲁迅：《无常》，《鲁迅全集（第 2 卷）》。
② 周作人：《何小仙》，《鲁迅小说里的人物》，河北教育出版社，2002 年版，第 35 页。
③ 鲁迅：《女吊》，《鲁迅全集（第 6 卷）》，第 637 页。王风在《鬼和与鬼有关的——〈女吊〉讲稿》（《鲁迅研究月刊》第 1 期，2005 年）中饶有兴致地比较了鲁迅笔下两种"鬼"——无常与女吊的不同形象，可参阅。

"死"的观念背后，其实仍然是对于"生"的态度——"想到生的乐趣，生固然可以留恋；但想到生的苦趣，无常也不一定是恶客"①。从这个角度我们不难领悟到《明天》中单四嫂子故事背后的寓言意味（亦即周作人所说的"著者的一个思想"）：它同样讲述了一个生命如何被死亡所捕获的故事。

然而，与《朝花夕拾》中"无常"的充满人情味不同，《明天》中的"死亡"要冷峻和无情得多。"我道 nga 阿嫂哭得悲伤，暂放他还阳半刻。大王道我是得钱买放，就将我捆打四十！"这是"无常"向听众诉说他当差生涯的"失职"与受惩，也正是在这里，我们看出他的人情味儿。在《朝花夕拾》里，鲁迅是用一种非常轻快、随意而又略带调侃的笔调来写这位"可怖而可爱"的无常先生的，只因"一切鬼众中，就是他有点人情"②。《明天》的调子却要阴沉得多，单四嫂子没能幸运地遇上这样一位可以"通融"的"无常"，她的宝儿终究无可挽回地死去；与之形成强烈对比的是：隔壁咸亨酒店的酒客、掌柜以及对门的王九妈——无论是"帮闲"者还是"帮忙"者，对于宝儿之"死"以及单四嫂子的悲恸，始终无动于衷。从这个角度，我们将《虞美人草》纳入阅读的上下文，则不难读出《明天》在其并立的空间结构中所蕴含的内涵意味：如果说单四嫂子的失去宝儿，演绎了一个关于"死亡"的"悲剧"故事，那么，间壁的咸亨酒店中，"红鼻子老拱"与"蓝皮阿五"等酒客们，"正围着柜台吃喝得高兴"，不是正上演着熙攘的"生"之"喜剧"么？《明天》的开头和结尾都写到了《孔乙己》中曾出现过的咸亨酒店；但与《孔乙己》对咸亨酒店的格局、酒钱、下酒物、酒客衣衫，乃至伙计们如何往酒里"羼水"等充满细节的描述不同，《明天》中的"咸亨"，更像是一个功能性的存在：关于它的描写，寥寥无几。据周作人回忆，咸亨酒店的原型——鲁迅的故家绍兴东昌坊口的同名酒店，其左右相邻的皆为米店、柴铺和锡箔铺等商铺③，换言之，间壁并没有单四嫂子那样的住家所在。不同于《孔乙己》的"写实"，《明天》

---

① ② 鲁迅：《无常》，《鲁迅全集（第 2 卷）》。
③ 周作人：《孔乙己时代》，《鲁迅的故家》，第 197 页。

中咸亨酒店与单四嫂子家的比邻而立，这一故事场所的设置，明显出自鲁迅的构造。

《明天》这一空间形式的构造以及随之而来小说叙事的展开，其实也与《虞美人草》的"涡线状"结构颇有几分相似。在《虞美人草》的前六章中，故事发生的场所在京都和东京交替出现，人物之间的关系与情节的发展，则在二者的互相议论和映照中慢慢揭示出来：此后两个世界开始交叉并重叠，但又始终保持距离、互相映衬。《明天》可谓以一种非常简练的方式，继承了这一构造手法。小说的开头，便是两个空间的互相指涉和映衬：

"没有声音，——小东西怎了？"

（中略）

这单四嫂子家有声音，便自然只有老拱们听到，没有声音，也只有老拱们听到。

这里，小说巧妙地通过"声音"（或"没有声音"）将咸亨酒店与单四嫂子家联系了起来。这一细节，也与《虞美人草》第三章写小夜子的出场，在手法上非常相似：

从稀疏的连翘花间可以望见邻家房间。

格子纸门紧闭着，纸门内传出阵阵琴声。

"忽闻弹琴响，垂杨惹恨新。"

（中略）

宗近一直旁若无人地坐在藤椅上聆听邻家传来的琴声。[①]

"声音"将两个不相干的世界联系了起来，同时也暗示了这两个世界的内在关系：既相邻又相隔。

回到《明天》所蕴含的著者的"思想"。如果说小说中咸亨酒店与单四嫂子家这两个平行并立的空间，寓意着《虞美人草》的甲野日记中"生"与"死"、"喜剧"与"悲剧"的对立，那么，鲁迅在此所要表达的思想，则要比夏目漱石的悲观和绝望得多。在《虞美人草》的结尾，藤尾的死亡，

---

① 夏目漱石：《虞美人草》，茂吕美耶译，北京联合出版公司，2013 年版。

唤醒了世间被忘却了的"道义";然而,在《明天》这里,单四嫂子的"悲剧",却没有在咸亨的酒客以及王九妈等"观众"那里,引起任何的怜悯或恐惧。宝儿的死亡,丝毫也没有改变隔壁众人麻木而生的格局。在小说的结尾,单四嫂子在"静和大和空虚"中走入睡乡,而隔壁咸亨酒店的酒客们依然在喝酒唱曲:

> 单四嫂子终于朦朦胧胧的走入睡乡,全屋子都很静。这时红鼻子老拱的小曲也早经唱完;跄跄踉踉出了咸亨,却提尖了喉咙,唱道:
>
> "我的冤家呀!——可怜你,——孤另另的……"

这与小说开头"老拱们"对单四嫂子家"没有声音"的觉察,形成呼应。上演着"悲剧"的"死"的世界,始终悄无声息,只有执着于"生"的众人,仍然在不知疲倦地上演着热闹的"喜剧"。《明天》便在这种"生"和"死"的无所对话、无所交集的寂寞和空虚感中,悄然结束;最终,象征着中国社会的鲁镇,"完全落在寂静里"。

三、"暗夜"的两难:在"进化"与"伦理"之间

《明天》刊出一个月后,鲁迅在《新青年》上发表了"随感录(六六)",题为《生命的路》:

> 想到人类的灭亡是一件大寂寞大悲哀的事;然而若干人们的灭亡,却并非寂寞悲哀的事。
>
> 生命的路是进步,总是沿着无限的精神三角形的斜面向上走,什么都阻止他不得。
>
> (中略)
>
> 生命不怕死,在死的面前笑着跳着,从死里向前进。
>
> 许多人们灭亡了,生命仍然笑着跳着,跨过了灭亡的人们向前进。
>
> (中略)
>
> 昨天,我对我的朋友鲁迅说,"一个人死了,在死的自身和他眷属是悲惨,但在一村一镇的人看起来不算什么,一村一镇的人都死了,在一府一省

的人看起来不算什么，就是一省一国一种……"

鲁迅很不高兴，说，"这是 Natur 的话，不是人们的话。"你该小心些。

我想，他的话也不错。①

鲁迅这里所描绘的"生命的路"，与日本大正时期颇为流行的"进化论的生命主义"颇有渊源②，不过，如果将这篇文章与鲁迅九个月前发表的"随感录（四九）"稍作对比，不难发现，其间的基调发生了重要的变化。在"随感录（四九）"中，鲁迅毫不犹疑地将"种族的延长"（生命的延续），视为进化途中的"新陈代谢"，并认为："新的应该欢天喜地的向前走去，这便是壮，旧的也应该欢天喜地的向前走，这便是死；各各如此走去，便是进化的路。"③然而，在《生命的路》后半部分，作者"唐俟"的声音，遭到了来自朋友"鲁迅"的激烈反驳："这是 Natur 的话，不是人们的话。"有意味的是，《明天》正是介于这两篇随感录之间、署名为"鲁迅"的小说作品，它所写的内容正是鲁镇的人对于单四嫂子宝儿的死无动于衷。将《明天》置于这一思想背景之中，我们可以对它的小说形式及其所蕴含的内在意义，打开一个更广阔的阐释空间。

到此为止，《明天》尚未被阐明的地方，还有它的时间意象——被多次写到的并以标题的形式加以凸显的"明天"的意涵。不解明这一形式的意味，我们对于这篇小说的解读，可能仍然限于皮相。

小说中出现了三次从暗夜到黎明的过程，这既是情节发展的自然时间，同时也是文章的重要结构方式。小说以"明天"为题，也暗示了这一时间意象对小说主旨具有重要意义。这三次"明天"的出现，皆以单四嫂子在暗夜中的等候为背景。然而，与明天通常象征着希望不同，这里，"明天"

---

① 刊 1919 年 11 月《新青年》6 卷 6 号，署唐俟。此文收入《热风》及《鲁迅全集》之后，对原刊本有较大改动。其中"鲁迅"，后来一律改为"L"；此外，"Natur"（鲁迅这里用的是德文）则在括号中加注了"自然"。在鲁迅的语境中，Natur 指的是宇宙学意义上的生物与无生物的总和，与传统意义上的"自然"或"天道"有较大差别，为区分起见，这里以及下文皆径直用原文。

② 参阅伊藤虎丸：《鲁迅与终末论——近代现实主义的成立》，李冬木译，三联书店，2008 年版，第 332—336 页。

③ 鲁迅：《随感录（四九）》，《鲁迅全集（第 1 卷）》，第 355 页。

的每一次到来，对单四嫂子来说都是"事与愿违"的：第一次是宝儿生病的夜晚，单四嫂子怀着"但宝儿也许是日轻夜重"的希望等候天明，但"明天"的到来，令她小心翼翼的愿望破灭了，宝儿终究还是病重；第二次是在宝儿死去的夜晚，单四嫂子哭过之后，又幻想着明天醒来"这些事都是梦"，然而，天明之后，却只见"外一个不认识的人""背了棺材来了"——"明天"没有带来希望，反而恰恰证实了残酷的"死"；单四嫂子第三次等候，是在为宝儿办完丧事之后，她希望在梦中能会见她的宝儿，但这一次小说没有写到天明就宣告了结束。鲁迅在《呐喊·自序》中写到他在《明天》里用了"曲笔"，即"不叙单四嫂子竟没有做到看见儿子的梦"；这意味着，按照原来的逻辑，如果要"叙出"单四嫂子没有做到看见儿子的梦，这第三个尚未到来的"明天"，也要被明确写出来。在这个意义上，小说中反复写到的"明天"，就与我们通常所理解的包孕着希望的意象，几乎完全相悖；它的到来，恰恰对人的意愿形成某种对抗意味，似乎是一种具有惘惘威胁的异己力量。

小说中已写出的两次"天明"过程，被写得极为相似，在词句上甚至具有一种执拗的复沓效果：

（第一天：）夏天夜短，老拱们呜呜的唱完了不多时，东方已经发白；不一会儿，窗缝里透进了银白色的曙光。

（第二天：）单四嫂子张着眼，总不信所有的事。——鸡也叫了；东方渐渐发白，窗缝里透进了银白色的曙光。

银白的曙光又渐渐显出绯红，太阳光接着照到屋脊。

这种复沓的形式，除了制造文章的节奏感并凸显"明天"的存在之外，并没有太多诗意的成分，甚至有一种故意为之的重复和单调的效果。这一复沓的修辞也提醒我们："明天"日复一日的到来，乃是自然的律令，它与小说中的主人公——单四嫂子的希望、幻想和梦想，没有任何关联。

单四嫂子在小说中是被作为主人公来描写的，然而，在她身上我们很少看到小说主人公通常具有的自我意识和主体性。不少学者已注意到，在关于单四嫂子的描写中，小说中多次出现了"粗笨"一词。韩南将这一手法与显克微支小说的反讽艺术联系起来，认为作者意在用一种叙述者超然在上的"反语"技巧来引起悲悯[①]；日本学者木山英雄则指出，这个形容词在这篇短短的作品中重复出现了五次，令人感觉到"在批判之批判的枪口与令人窒息的黑暗之间动摇不定的作者，取一种倾向于韬光养晦的姿态"[②]。二位学者虽然各有洞见，然而给出的答案却截然相反：究竟"粗笨"是增强了还是阻碍了读者对于单四嫂子的同情呢？

我们不妨先来看"粗笨"一词在小说中的具体使用。它第一次出现是在单四嫂子怀着希望等候第一个"明天"的到来之际，在叙述了单四嫂子的"但宝儿也许是日轻夜重"这一心理活动之后，叙事者又插入一段公开评论，暗示了她的"希望"之虚妄：

　　　　单四嫂子是一个粗笨的女人，不明白这"但"字的可怕：许多坏事固然幸亏有了他才变好，许多好事却也因为有了他都弄糟。

将后面的四个"粗笨"再稍加排比，不难发现，这一形容词总是在呈现单四嫂子的内心世界之时便及时出现，或在直接表达她的所思所想之前进行提示，或在写出她的心理活动之后再加以补充，如"他虽是粗笨女人，心里却有决断""他虽是粗笨女人，却知道""他是粗笨女人。他能想出什么呢""虽然粗笨，却知道"。

所谓"粗笨"，自然是不能具有敏锐的自我意识，将"粗笨"的判断与对于人物内心世界的呈现并置在一起，鲁迅这一"粗笨……却"的转折手法，一方面，仿佛是对中国传统小说表达人物内心活动的方式进行致意（它可视为对传统小说中"某某说""某某道"一类提示语的翻译与变体），同时，也以略带戏谑的方式，深刻地暴露了现代西方小说"心理写实主义"的虚构特性。这其实是鲁迅小说一个非常引人瞩目的特质。在鲁迅小说中，很难见到西方 18 世纪以来的小说中将人物的内心独白与叙事交织在一起的

---

① ［美］帕特里克·韩南：《鲁迅小说的技巧》，张隆溪译，乐黛云编《国外鲁迅研究论集（1960—1981）》，北京大学出版社，1981 年版。

② ［日］木山英雄：《文学复古与文学革命——木山英雄中国现代文学思想论集》，赵京华编译，北京大学出版社，2004 年版，第 10—11 页。

"自由间接引语"（style indirect libre）模式①；其小说的叙事者几乎很少进入人物的内心，我们甚至可以说，鲁迅根本就致力于发展出一种相反的叙事形式，以使得叙事者与人物内心之间始终保持谨慎的距离②。《明天》这一"粗笨……却"的转折，便是其中的典型技巧，它在暴露"心理写实主义"之虚构性的同时，也对写实主义小说的"净化"③效果，提出了挑战：叙事者既表达了单四嫂子的内心，同时又以转折的方式"暗讽"了她所有的愿望和幻想、寂寞与悲哀；这一"叙事者超然在上"的技巧，并没有如韩南所说，在读者与单四嫂子之间增强同情，反而恰恰是制造了疏离。木山英雄其实已敏锐地感觉到了这种疏离感，亦即他所说的作者对单四嫂子态度的"动摇不定"，不过，这一动摇与其说是出自作者的"韬晦"，不如说是由于叙事者的"狡狯"。

通过对单四嫂子内心世界的不断干预和暗讽，《明天》这一"狡狯"的叙事本身，也对单四嫂子作为主人公的主体地位提出了质疑。小说在写到第三个夜晚，即宝儿下葬之后单四嫂子的空虚和绝望之感时，有一段非常安特莱夫式的描写：

> 他越想越奇，又感到一件异样的事——这屋子忽然太静了。（中略）屋子不但太静，而且也太大了，东西也太空了。太大的屋子四面包围着他，太空的东西四面压着他，叫他喘气不得。

大而空的寂静氛围却对人产生出压迫力，这明显有着安特莱夫小说

---

① 在中国现代文学中，茅盾的《子夜》和老舍的《骆驼祥子》可视为引入西方小说"心理写实"技巧的典范，它们娴熟地运用了"自由间接引语"来对人物的心理进行直接的、形象化的呈现。关于《子夜》的讨论，参阅［捷克］普实克著，李欧梵编、郭建玲译《抒情和史诗——现代中国文学论集》，上海三联书店，2010 年版，第123—129 页；关于老舍《骆驼祥子》对这一技法的引入和创造性改写，参阅刘禾著、宋伟杰等译《跨语际实践：文学，民族文化与被译介的现代性（中国，1900—1937）（修订译本）》，三联书店，2008 年版，第137—175 页。

② 这一叙事者与人物内心保持距离的叙事方式，可统摄鲁迅风格各异的小说，包括第一人称与第三人称小说，讽刺性的和抒情性的小说。相关讨论，参阅张丽华《现代中国"短篇小说"的兴起——以文类形构为视角》，北京大学出版社，2011 年版，第196—202 页。

③ 安敏成认为，写实主义小说在读者中的交流功效，有类似于悲剧情感的仪式化涤荡效果，参阅《现实主义的限制》，第17—29 页。

《默》的影子。安特莱夫在他的小说中，通常将思想、观念或氛围视为一种有行动力的主体，如《默》中，那压倒一切、无所不在的"沉默"本身，便是小说中唯一的行动主体；此外还有《谩》《红笑》《墙》《思想》等，其小说的"主人公"便是标题中出现的意象或观念。相对于被沉默、谎言、思想等意念纠缠并包裹着的绝望的"人"，这些行动着的氛围，具有更强的意志力和主体性；安特莱夫以这一独特的小说形式，对"人"在世界中不证自明的主体地位提出了质疑。鲁迅在《域外小说集》中翻译了安特莱夫的《默》与《谩》，对他的这一表现技巧，显然心领神会①。从这个角度来看，单四嫂子作为小说主人公的主体地位，的确已岌岌可危。

《明天》在写到一切悲、喜剧皆落幕之后，还有一个余韵悠长的结尾：

> 只有那暗夜为想变成明天，却仍然在这寂静里奔波。

这是一个颇为奇特的意象："奔波"的主体，乃是一个表示时间阶段的概念——"暗夜"。不过，从上文的分析来看，将"暗夜"当作能够行动的主体，这显然也是从安特莱夫那儿借来的技巧。"奔波"着的"暗夜"同时也激活了"明天"的意涵：这个不断写到，并总是与单四嫂子的希望相悖反的时间意象，在小说中同样也可以视为一个具有行动力或意志力的主体；在这个意义上，我们或许可以推测：如同安特莱夫的小说一样，这个作为标题的"明天"，才是凌驾于单四嫂子之上、小说真正的"主人公"。

在此我们回到《明天》的主题——关于"死"的寓言。如果说单四嫂子的宝儿之死，演绎的是人间社会中生命被死亡所捕获的故事，那么，这一不以人的意志为转移、从"暗夜"到天明的"奔波"，则可以理解为一种关于生命进化的宇宙（Natur）过程，亦即鲁迅"随感录（六六）"中那"笑着跳着"不断从"死"的身上跨过的"生命的路"。这一"生命的路"所遵循的"Natur"定律，正是19世纪中叶以来风靡生物学界的进化论。鲁迅曾在1907年的《人的历史》中介绍了达尔文、赫胥黎、海克尔（E. Haeckel）等人的进化论生物学。赫胥黎在《论人在自然中的位置》（即鲁

---

① 关于鲁迅对安特莱夫小说的翻译与创造性转化，参阅张丽华《现代中国"短篇小说"的兴起》，第131—134页，第181—202页。

迅文中的《化中人位论》）的《时间与生命》一节中，曾阐述过在达尔文的进化论中，生物的"死亡"对于物种进化的"自然选择"过程起着重要的作用：

> 正是"死亡"在自然界中扮演了育种者和选择者的角色。达尔文先生在其著名的"论生存斗争"一章中，将注意力集中于生命神奇的死亡现象，这是自然界持之以恒的过程。与人类一样，每一个物种，"每天都要面对死亡"（Eine Bresche is tein jeder Tag. ）——物种皆有其天敌；在与其他物种的生存斗争中，最弱者将遭受失败，而死亡则是对所有落后者和弱者的惩罚。[①]

在生物学的意义上，死亡是一个自然过程，同时也是物种得以"优胜劣汰"地进化的持续推动力。熟稔进化论生物学的鲁迅，对此自是了然于心，他在其他的随感录中也不止一次地将"死"作为"生物学学理"或是自然律令加以强调[②]。因此，在"随感录（六六）"中，所谓生命"跨过了灭亡的人们向前进"，正是宇宙过程中的物种经过"死亡"的选择与淘汰持之以恒地进化的隐喻。在这个意义上，如果将《明天》的时间形式——不以人的意志为转移、日复一日延绵不绝地从暗夜到天明的过程，视为生物学意义上的进化"生命"的表征，那么，化身为小说"主人公"、凌驾于单四嫂子之上且具有惘惘威胁的"明天"这一意象，就与宇宙过程中（或是生物学意义上）的"死"，具有了相同的意涵。

从这个角度回到《明天》的空间构图——"原来死住在生的隔壁"，那么，这一平行并立的空间结构所要揭示的，就不仅仅只是鲁镇的人们对于单四嫂子悲剧的麻木不仁那么简单，它还以"死亡"为媒介提出了一种伦理的视角，与建立在进化论生物学基础之上的"生命主义"，形成了内在的争辩；换言之，它以平行并立的空间形式暗示了人类社会中人与人的伦理关系，从而与"明天"所象征的生物学的"Natur"之道形成抗衡。《明天》也因此成为鲁迅的生命"进化论"在"随感录（四九）"到"随感录（六六）"之间转变的关键契机。在这里我们可以看到，与我们通常将"随感录"作

---

① Henry Huxley, *Man's Place in Nature and Other Essays*. London：J.M.Dent & Sons, Ltd.；NewYork：E.P Dutton & Co., 1906, p. 297.
② 鲁迅：《随感录（三十八）》、《随感录（三十九）》，《鲁迅全集（第1卷）》。

家——启蒙者鲁迅与小说家鲁迅区别对待不同，鲁迅的文学，以极富想象力和创造性的方式，参与了对其思想的形塑与共鸣之中。

在"随感录（六六）"中，作者借"鲁迅"之口道出的"这是 Natur 的话，不是人们的话"，极易让我们联想到赫胥黎在《进化论与伦理学》中关于"宇宙过程"与"伦理过程"的区分。针对斯宾塞将达尔文的生物学理论应用于社会发展的主张，赫胥黎在生物进化的宇宙过程（cosmicprocess）之外，提出一种与之对立的伦理过程（ethicalprocess），在他看来，"社会进展意味着对宇宙过程每一步的抑制，并代之以另一种可以称为伦理的过程"；这一伦理过程为人类社会所特有，它并不遵循宇宙过程中的生存斗争法则，而是诉诸人与人之间的同情与互助，"用'自我约束'来代替'自行其是'"①。赫胥黎与斯宾塞的思想争辩，经过严复《天演论》的"译演"②，早已为清末以来的中国思想界所熟悉，鲁迅自然也不例外。不少学者认为，相对于斯宾塞的社会达尔文主义，鲁迅对赫胥黎的"伦理过程"有着更多的理解与同情③。就意识到生命／死亡在"Natur"之道与"人"之道二者之间的抵牾而言，鲁迅的"进化论"思想的确更接近赫胥黎；然而，与赫胥黎不同，鲁迅并没有试图在理论上提出某种调和的方案，而是如同《生命的路》中所呈现的随感录作者"唐俟"与小说家"鲁迅"的"对话"，在他的思想中让二者保持着内在争辩的张力。

就在刊出"随感录（六六）"的同期《新青年》的卷首，鲁迅发表了他的著名论文《我们现在怎样做父亲》，提出要以"生物界的真理"——要保存、延续和发展生命——为基础，来重建现代社会人与人之间的伦理关系，在此他提出了著名的历史"中间物"的构想：

> 自己背了因袭的重担，肩住了黑暗的闸门，放他们到宽阔光明的地方去；

---

① 赫胥黎《进化论与伦理学》，北京科学出版社，1971 年版，第 57 页。

② 史华兹（Benjamin I. Schwartz）在《寻求富强：严复与西方》（叶凤美译，江苏人民出版社，1990 年）一书第四章中对严复、赫胥黎以及斯宾塞的立场作了精到的比较分析。

③ 汪毅夫：《〈天演论〉：从赫胥黎、严复到鲁迅》，福建省严复研究会编《1993 严复国际学术研讨会论文集》，海峡文艺出版社，1995 年版，第 152—162 页；伊藤虎丸：《鲁迅与终末论》，第 147—153 页。

此后幸福的度日，合理的做人。①

这可以视为鲁迅独特的生命伦理学，它试图回应的正是《生命的路》中提出的"进化"与"伦理"之间的矛盾。在此，我们可以看到，鲁迅所主张的"伦理过程"（"人"之道），其实现途径并非如赫胥黎所主张的诉诸"自我约束"或人与人之间的同情互助，而是仍然深深地植根于作为"生物界的真理"的生存定律；换言之，鲁迅并没有为人类社会寻找一种自外于宇宙或自然的新伦理。所谓"自己背了因袭的重担，肩住了黑暗的闸门"，鲁迅的这一解决方式，与其说是思想上的调和，不如说是一种文学式的行动。通过将自己沉没于"黑暗"的一方，鲁迅创造性地将生物学学理的"死"，植入了人类发展的"伦理过程"。在这个意义上，《明天》的结尾——"只有那暗夜为想变成明天，却仍然在这寂静里奔波"，其实已经向我们暗示了鲁迅思想中极富争辩性，也极富文学性的所在——向"死"而"生"。在寂静里奔波着的"暗夜"——这一略微犹疑、踟蹰而带思虑的行动者，显然有着将自己沉没于"黑暗"的思想者鲁迅的自我投影；而这一向"死"而"生"的、踟蹰着前行的"暗夜"，我们在鲁迅此后诸多的文学意象——如《坟》《影的告别》《过客》以及《铸剑》里的"黑衣人"身上，还可以不断地辨认出来。

结语

鲁迅的小说《明天》，以比我们想象的更为复杂，也更为巧妙的方式，在其小说形式之中，蕴含了鲁迅的进化论思想中"Natur"之道与"人"之道的内在争辩：如果说凸显在小说标题中的时间形式——从"暗夜"到"明天"的具有主体性的行为，暗示了不以人的意志为转移的生命进化的宇宙过程，那么，其平行对立的空间结构，则以"死住在生的隔壁"这一形象化的寓言，对这一宇宙过程构成了内在的伦理批判。美国学者安德鲁·琼斯（Andrew F. Jones）在其近著《发展的童话：进化思想与现代中国文化》中，用相当的篇幅分析了鲁迅对于"进化""发展"等话语的复杂态度，

---

① 鲁迅：《我们现在怎样做父亲》，《鲁迅全集（第1卷）》，第135页。

在他看来，鲁迅小说叙事形式中的诸多凝滞状态与循环结构，即折射了他对于这些理念的怀疑①。根据上文的分析，《明天》的时空形式，无疑也包孕了鲁迅对于进化理念的极具争辩意味的内在思考；不过，这种折射于小说形式中的犹疑与争辩，并不完全体现在随时间展开的叙事层面，而是通过嵌入一种平行并立的空间结构以举重若轻的方式来实现的。这种并立的空间模式，不仅出现在《药》《明天》这种明显地使用了并列式反语的小说中，它还以一种"看"与"被看"的结构形式，不断回旋在鲁迅的其他作品中；也正是在这样的并置结构中，鲁迅残酷地书写了各种各样的"死"以及在看客眼中"死"的无意义，从而对生命/死亡倾注了极具伦理意味的思考。在这个意义上，《明天》在鲁迅的文学序列中，无论就形式还是主题而言，皆具有某种原型的意味。

鲁迅小说中这种具有对话和争辩意味的并置形式，可能在西方小说之外另有渊源；夏目漱石的《虞美人草》及其所蕴含的作为小说形式的多种可能性，也许是值得探究的一个维度。此外，在生命观和伦理观的底色中，鲁迅的向"死"而"生"的行动式哲学，与夏目漱石所揭橥的"原来死住在生的隔壁"的生命伦理，这种以"死亡"为媒介的悖论式的思考方式，在这两位中日杰出的文学者之间，亦出现了奇妙而深刻的共鸣。很显然，关于他们思想与文学的关联，还有着丰富的进一步研究和探索的空间。

‖作品来源‖

发表于《文学评论》2015 年第 01 期。

---

① 对此，作者重点分析了鲁迅的小说《孤独者》，参见 Andrew F. Jones, *Developmental Fairy Tales : Evolutionary, Thinking and Modern Chinese Culture* Cambridge : Harvard University Press, 2011, pp. 63—98.

《鸭的喜剧》和《小鸡的悲剧》——小论鲁迅和爱罗先珂

王高旺

导　读

　　鲁迅和爱罗先珂私交甚笃，《鸭的喜剧》即是受爱罗先珂《小鸡的悲剧》启发而写成的。在该小说中鲁迅对爱罗氏的思想作了善意的批评，并抒发了一贯的"呐喊"情绪。

　　在《呐喊》的十四篇作品中，《鸭的喜剧》的"点击率"似乎不高。其实，这篇小小说的主题和《呐喊》总的思想是一贯的，而且《鸭的喜剧》有其特殊的地方，不应该被"遗忘"。

　　《鸭的喜剧》篇幅不长，人物也少，没有大的冲突，比较单薄，看起来更像是记人叙事的散文，不像小说。其实这正是其独特之处——《鸭的喜剧》确实是以真人真事为原型创作的，是"单取一个人"，这就先得从它的主人公——俄国（乌克兰）盲诗人爱罗先珂说起。

　　华希里·爱罗先珂（1889—1952）出身于农人家庭，幼时因患麻疹而失明，后在莫斯科盲童学校读书，凭借自己的勤奋和音乐天赋，爱罗先珂靠弹唱积攒了一些钱，在国际世界语协会的协助下，转赴伦敦皇家盲人师范学校学习。1914年，爱罗先珂前往日本，后被逐出，流浪于泰国、缅甸、印度。1919年，他被英国殖民当局视为"革命党"和"德国间谍"又被驱逐，只好辗转去了日本，参加了1920年成立的日本社会主义同盟，又于1923年因"宣传危险思想"罪被日本政府驱逐。当时爱罗先珂想回国去盲校当音乐教师，可他从海参崴抵赤塔时，却被拒绝入境，于是只好转往中国。1923年10月7日，爱罗先珂抵达上海，此后他为生活所迫，曾在日本人的按摩院打工。当时一些日本的世界语者和旅日的中国友人写信嘱托国内的世界语者和友人设法照顾他，爱罗先珂很快遇到了一批知音。1922年2月24日，爱罗先珂由沪抵京，到北大教授世界语课程，北大校长蔡元培还怕因爱罗先珂是残疾人，无人看顾，爱罗先珂又懂日语，就安排他暂住在周氏兄弟在北京的住宅——八道湾11号，由周氏一家就近照顾其起居。这样，周氏兄弟和他建立了深笃的友谊。

据周作人《知堂回想录》回忆，鲁迅经常和他长谈至夜半，尝戏评之曰"爱罗君这捣乱派"，有时两人热谈时，鲁迅甚至忽视了旁人。爱罗先珂在北京做过几次演讲，由周作人担任翻译，鲁迅也经常陪同。讲堂有庙会里那样拥挤，只有从前胡适博士和鲁迅，还有随后的冰心女士才有那样的热闹，因为爱罗先珂是一个想象丰富、感情热烈，诗人兼革命家两重人格的磁性人物。4月2日，两人又出席了北大第二平民夜校的游艺会，爱罗先珂还欣然演唱了俄国歌曲（后来他在孔德学校还唱了《国际歌》），并由鲁迅口译和介绍这歌曲是歌颂哥萨克农民起义领袖拉辛的故事。4日，他们又同往观听白俄歌剧团的演出，归来后鲁迅作《为"俄国歌剧团"》，就剧场内的观感，慨然中国却"没有花，没有诗，没有光，没有热，没有艺术，而且没有趣味，而且至于没有好奇心"，他甚至说"比沙漠更可怕的人世在这里"[①]，其实，这也是爱罗先珂的意见。鲁迅陪同爱罗先珂到北大和"燕京女校"欣赏学生们演出的托尔斯泰、莎士比亚的剧作，事后爱罗先珂写了一篇《观北大学生演剧和燕京女校学生演剧的记》，批评演出受旧戏的影响，刻意"模仿优伶"，不能男女同台演戏，又不能真正表现人物思想感情。演出者之一，也是北大实验剧社台柱的魏建功和李开先看了后强烈不满，魏建功写了《不敢"盲"从》一文，文章中用了轻佻的字句（将"观""看""盲"等用了引号），鄙薄爱罗先珂的批评是没有资格的，周氏兄弟愤而发文反驳，鲁迅甚至用了"我敢将唾沫吐在生长在旧的道德和新的不道德里，借了新艺术的名而发挥其本来的旧的不道德的少年的脸上"

---

① 鲁迅:《鲁迅全集（第一卷）》，人民文学出版社，2005年版，第403页。

这样激愤的语言①。给污蔑者以迎头痛击。

由于思乡之情爱罗先珂于 1922 年 7 月寻着一个机会——往芬兰赴第十四次万国世界语大会，直奔故乡而去。也许正是出于对乡愁的理解与共鸣，爱罗先珂离去后，周氏兄弟非常想念。周作人写了《送爱罗先珂君》《怀爱罗先珂君》等文章，鲁迅写了小说《鸭的喜剧》表达怀念之情。

爱罗先珂是以日文和世界语来创作的，鲁迅此前已经非常关注他，翻译介绍了爱罗先珂的好几本书，主要有《爱罗先珂童话集》和《桃色的云》。鲁迅赞扬他用了血和泪来写书。在《〈狭的笼〉译后附记》里，鲁迅还把爱罗先珂与印度诗圣泰戈尔相比。爱罗先珂在《狭的笼》里反对印度古老而野蛮的风俗"撒提"，即男人死后，将寡妇和死尸一处焚烧。鲁迅说："广大哉诗人的眼泪，我爱这攻击别国的'撒提'之幼稚的俄国盲人爱罗先珂，实在远过于赞美本国的'撒提'受过诺贝尔奖奖金的印度诗圣泰戈尔；我诅咒美而有毒的曼陀罗华。"②这些话是鲁迅翻译完爱罗先珂的头一篇作品后讲的，时在一九二一年八月，那时盲诗人还没有踏上中国的土地。

鲁迅留学日本期间就青睐于俄罗斯和东欧被压迫民族的文学，爱罗先珂并不是俄罗斯著名的作家，但他的作品一如普希金、别林斯基、果戈理等的作品一样，反映着伟大的俄罗斯文学的特点：惊人的人道主义精神、对社会黑暗的无情揭露、美好灵魂和种种美德的发现等，从中都可以表露俄罗斯民族理想主义的光辉和现实主义的特质。如果说鲁迅曾受到俄罗斯文学家的影响，如果戈理"忧愤深广"、安特莱夫的"阴冷"以及柯罗连珂、迦尔洵和契诃夫的话，我们则忽略了爱罗先珂。五四时期是鲁迅创作的喷发期，当时他热情翻译了这位盲诗人的许多作品，又与这位异国的文学家共同生活过一段时间，他们热烈地彼此交流和倾诉，相互影响不是不可能的。如果把鲁迅这一时期的一些作品与爱罗先珂的作品对比，也可以发现许多一致的地方的，如《野草》某些篇章与爱罗先珂的童话、他们笔下的"狂人"系列，等等。鲁迅对爱罗先珂的关怀，是出自对一位弱势者

---

① 鲁迅：《鲁迅全集（第一卷）》，人民文学出版社，2005 年版。
② 鲁迅：《鲁迅全集（第十卷）》，人民文学出版社，2005 年版，第 217 页。

的同情和声援，尤其是对一位蒙获"思想罪"迫害的异国人。鲁迅在《坟·杂忆》中回忆他与爱罗先珂的交往时曾说："当爱罗先珂君在日本未被驱逐之前，我并不知道他的姓名。直到已被放逐，这才看起他的作品来；所以知道那迫辱放逐的情形的，是由于登在《读卖新闻》上的一篇江口涣氏的文字。于是将这译出，还译他的童话，还译他的剧本《桃色的云》。其实，我当时的意思，不过要传播被虐待者的苦痛的呼声和激发国人对于强权者的憎恶和愤怒而已，并不是从什么'艺术之宫'里伸出手来，拔了海外的奇花瑶草，来移植在华国的艺苑。"①因此，鲁迅接触和翻译爱罗先珂的作品，不是出于对盲诗人以及其瑰丽色彩的童话和剧本的猎奇，乃是"传播被虐待者的苦痛的呼声"并借以"激发国人对于强权者的憎恶和愤怒"。所以，当爱罗先珂被日本宪兵驱逐时，传闻当时宪兵竟然怀疑他的目盲，"残酷到还想要硬挖开他的眼睛来"，愤慨的鲁迅立即做出反应，马上着手翻译和介绍了一批爱罗先珂的作品，以表示对他的同情和声援。随后，鲁迅又相继翻译了他许多的作品。与此同时，商务印书馆《东方杂志》的编辑胡愈之等也翻译了他的不少作品。1922 年 7 月，以上的一些译作合为《爱罗先珂童话集》出版，至 1929 年出至 7 版，此书也是鲁迅编辑的，作为《文学研究会丛书》之一。1931 年 3 月，开明书店又出版了巴金编辑的爱罗先珂的第二部童话集《幸福的船》。这两部书，是热爱爱罗先珂和世界语的中国作家和翻译家的一个结晶。

在鲁迅的心目中，爱罗先珂是被虐待与被迫辱者，他的呼号能激发我国人民对强权者的憎恶和愤怒。这是对爱罗先珂很高的评价，也是鲁迅与爱罗先珂友谊的基础，是鲁迅译述他的作品的出发点。但另一方面，鲁迅指出爱罗先珂思想上存有一些弱点，两人在较多问题上都有一定的分歧，鲁迅在他的文字中对此有过多次评述。鲁迅对爱罗先珂的评价集中而深刻地反映在《鸭的喜剧》之中。《鸭的喜剧》受到了爱罗先珂在北京所作唯一的小说《小鸡的悲剧》的启发。《小鸡的悲剧》以小鸡为主人公，这只古怪的小鸡一天到晚作非分之想，它想学会力所不能及的本领——像鸭子

---

① 　鲁迅:《鲁迅全集（第一卷）》，人民文学出版社，2005 年版。

一样会游泳，结果淹死在池子里了。爱罗先珂对这只作"非分之想"的小鸡充满了同情和爱怜，把它作为有理想有追求的化身，但它执着要追求的并未实现，却殉道于自己的理想。《鸭的喜剧》是"把那无价值的东西撕破给人看"，这无价值的东西就是作品中所批评的爱罗先珂的思想，希望他自省，也使有同类思想的知识分子觉醒后能"笑着和自己的过去告别"。

爱罗先珂1922年来到北洋军阀统治下的北京。他到北京是很"想鼓舞青年们争自由的兴趣，可是不相干，这反响极其微弱，聚集拢来者只是几个从他学世界语的学生……"，于是他就向鲁迅诉苦说："寂寞呀，寂寞呀，在沙漠上似的寂寞呀！"这位被迫辱的外国盲诗人在虎狼跋扈、雉兔偷生的社会中感到十分孤独，他于是称这反动势力喧嚣的社会"象沙漠似的寂寞"。他在震耳的"嚷嚷"中听到了寂寞；他在茫茫人海中看见了沙漠。鲁迅对这种感情是很尊敬的。鲁迅曾在《灯下漫笔》中把那些已有资格赴中国的"人肉筵宴"，却"还替我们诅咒中国的现状者"，称为"真有良心的真可佩服的人"，爱罗先珂就是这样的国际友人。他的"寂寞呀，寂寞呀"的诉苦声是对旧中国的憎恶，对军阀统治的诅咒。直到20世纪30年代中期，在致友人的书信中，鲁迅还一再回忆起爱罗先珂对中国的缺点的攻击和对黑暗的抨击。在有共同的攻击目标这一点上，鲁迅与爱罗先珂的心是相通的。对这样的国际友人，鲁迅自然要"诚意地捧献我的感谢"。

鲁迅对爱罗先珂在北京感到的"寂寞"深有同感，他在《呐喊·自序》中对"寂寞"这个词有过详尽的诠释。鲁迅对爱罗先珂把旧北京比作沙漠也作过注解：在写《鸭的喜剧》的同一年，在《为"俄国歌剧团"》一文中，鲁迅说，"有人初到北京的，不久便说：我似乎住在沙漠里了。是的，沙漠在这里。没有花，没有诗，没有光，没有热。没有艺术，而且没有趣味，而且至于没有好奇心。沉重的沙漠"。①这"有人"就是指爱罗先珂。鲁迅对爱罗先珂的"沙漠"观不仅深有同感，而且还解释了这有着茫茫人海的旧北京为什么是"沙漠"，当时的反动统治者和封建复古思想像"沉重的

①　鲁迅:《鲁迅全集（第一卷）》，人民文学出版社，2005年版，第403页。

沙"压在人民的头顶，压在人民的心上。对这样的世界，"我"甚至厌恶得对气候也加以抨击："我可是觉得在北京仿佛没有春和秋。"是的，在当时，这确是一个只有酷暑和寒冬，而没有春光明媚、秋高气爽的旧北京！

鲁迅和爱罗先珂同把旧社会称之为"沙漠"的结论是相同的，把自己的孤独称之为"寂寞"也是合拍的。鲁迅写爱罗先珂的"寂寞"，某种程度上也是借他人之酒杯，浇自我之块垒。但两人对如何排遣这寂寞、改变这现状的方式和措施却是各异的。《鸭的喜剧》中就透露出这种差异。爱罗先珂要从大自然中去寻找心灵的慰藉，精神上的寄托。他要"培养池沼音乐家"，从而使这个"无声"的社会变为"有声"。在万籁俱寂、夜深人静中，爱罗先珂用回忆来谛听在缅甸的遍地的自然音乐，那夜间昆虫的吟叫和"嘶嘶"的蛇鸣。这种情绪使他决定在北京也要培养一批自然音乐家——养蝌蚪，听蛙鸣。自然音乐能使这寂寞世界变得生机蓬勃吗？能使这"沙漠"世界变成绿洲吗？这仅是一种幻想。

爱罗先珂买小鸭，也是为了喜爱它们在他两手里"咻咻地叫"，这也算是一种池沼音乐吧？但鸭子毫不客气地吃光了蝌蚪，这绝对是爱罗先珂始料未及的。本来，当孩子向他报告什么蝌蚪生了脚了之类的消息时，他总是高兴地微笑道"哦，哦"。可当他知道小鸭吃了蝌蚪时，只好"唉，唉"地叹息了。他只知道那缅甸的"嘶嘶"的蛇鸣声能与虫声相和谐，但他不知道蛇是以吞食与它和声伴奏的昆虫为生的，正类似这鸭去吞食蝌蚪一样。自然界尚且如此，对待人类社会中的虎狼，不去作坚决的斗争，却用自然音乐来慰藉自己寂寞的灵魂，显然是错误的。

鲁迅对爱罗先珂的所谓提倡"自食其力"也加以委婉曲折的批评。爱罗先珂不看对象地要他的知识分子朋友们在城市里养蜂、养鸡、养猪、养牛、养骆驼，以为以此可以"自食其力"。这种"滑稽"建议能触动当时社会的半根毫毛吗？在那样一个等级压迫惨烈的社会是谈不上自食其力的。鲁迅懂得：祥林嫂和单四嫂子不可能自食其力，闰土和阿Q不可能自食其力，他们处于被剥削、被损害的地位，只能是"他食其力"，更有甚者，是"他食其肉""他食其人"。即使是爱罗先珂，他不是也被反动派的皮鞭打得无驻足立锥之地吗？

如上可见，"回归自然""池沼音乐""自食其力"等主张，都表明爱罗先珂对自然界的一切生命是无所不爱的。这是他的人类爱思想的反映。但是，具有讽刺意义的是，他所爱的生命中存在大吃小、强吃弱的矛盾斗争。他劝告下仲密家里买来的"满院飞跑"的"许多小鸡"，吃光了也是在他劝告下所种的白菜——"铺地锦的嫩叶"；"蝌蚪成群结队的在水里面游泳"，固然给爱罗先珂带来愉快，小鸭"咻咻"地叫着，当然也叫他喜爱，但小鸭并不爱小蝌蚪，竟把它吃光了。这种悲剧给予爱罗先珂的，是巨大的悲哀与失望。作品题为"鸭的喜剧"，正是在这一点上做了微微的讽刺。

鲁迅深感爱罗先珂所宣扬的"回归自然"和"自食其力"是天真的，对这种不切实际的幻想予以善意的批评。从《呐喊·自序》和《为"俄国歌剧团"》等论述可知，鲁迅当时所提倡的是唤起人们"毁坏这铁屋的希望"。他鼓励"在寂寞里奔驰的猛士"的"呐喊"声，在《为"俄国歌剧团"》一文中，又把这种"呐喊"称为"反抗之歌"。他说，在这比沙漠更可怕的人世里，"我就要唱我的反抗之歌。而且真的，我唱了我的反抗之歌了！"[1]"站在沙漠上，看看飞沙走石，乐则大笑，悲则大叫，愤则大骂"，即使因此换来"灵魂的荒凉和粗糙"也在所不惜。[2]要"呐喊"而不赞成陶醉在自然音乐中；要唱"反抗之歌"，而不是热衷于在旧社会中无法实现的"自食其力"。这些都应看作鲁迅与爱罗先珂在看法上的不同之处。这也就是鲁迅在《鸭的喜剧》中要阐发的主题。

《鸭的喜剧》采用的是真人真事，实践了鲁迅所说的模特儿"专用一个人"的艺术主张：真人真事一定要重在"真"字上，内中不能掺杂半点虚伪："言谈举动，不必说了，连微细的癖性，衣服的式样，也不加改变"[3]。在《鸭的喜剧》中不仅爱罗先珂的话是真的，这可与《为"俄国歌剧团"》一文

---

① 鲁迅：《鲁迅全集（第一卷）》，人民文学出版社，2005年版，第403页。
② 鲁迅：《鲁迅全集（第八卷）》，人民文学出版社，2005年版，第414页。
③ 鲁迅：《鲁迅全集（第六卷）》，人民文学出版社，2005年版，第536页。

相参证，即使连爱罗先珂的"很高的眉棱在金黄色的长发之间微蹙"着的微细癖性也是真的，这有《鲁迅全集》中爱罗先珂的照片和画像为证。

作品来源

发表于《现代语文（文学研究）》2010 年第 04 期。

敬　启

　　《中外文化文学经典系列》是由常汝吉、李小燕主编，众多一线教师参与选编的一套大型的中学生阅读指导丛书，旨在提高中学生文学素养，使他们能从多角度了解这些文学经典著作，引导他们建立发散性的阅读思维，让他们了解中外文化文学经典著作的深刻精髓，终身受益。

　　本丛书在选编过程中，得到许多著作权人的理解和支持，欣然允诺我们选编，在此表示衷心的感谢。由于本丛书选编工作量浩大，涉及著译者甚广，我们实难一一查实。恳请本书中我们未能及时取得联系的著译者理解我们的求全之心，以免本书遗珠之憾。为保护著作权人的合法权益，我们将稿酬专账暂留我社，敬请相关作者与我们接洽并给予我们谅解。

联系人：王老师

电　话：010-64251036

现代教育出版社

2017 年 2 月